# 论语比读

范植桓◎编著

中国出版集团

世界图书出版公司

广州·上海·西安·北京

**图书在版编目（CIP）数据**

论语比读 / 范植桓编著 . —广州： 世界图书出版广东
有限公司 , 2015.5（2025.1重印）
ISBN 978-7-5100-9781-2

Ⅰ . ①论⋯ Ⅱ . ①范⋯ Ⅲ . ①《论语》—研究
Ⅳ . ① B222.25

中国版本图书馆 CIP 数据核字（2015）第 123625 号

## 论语比读

| | |
|---|---|
| 策划编辑 | 刘婕妤 |
| 责任编辑 | 梁少玲 |
| 出版发行 | 世界图书出版广东有限公司 |
| 地　　址 | 广州市新港西路大江冲 25 号 |

http:// www.gdst.com.cn

| | |
|---|---|
| 印　　刷 | 悦读天下（山东）印务有限公司 |
| 规　　格 | 710mm×1000mm　1/16 |
| 印　　张 | 13.25 |
| 字　　数 | 150 千 |
| 版　　次 | 2015 年 5 月第 1 版　2025 年 1 月第 3 次印刷 |
| ISBN | 978-7-5100-9781-2/B・0114 |
| 定　　价 | 58.00 元 |

# 前　言

孔子说："如有王者，必世而后成。"

夏启，社会文化开始纪元；元宵而华夏，以商殷实，以周合成。夏、商、周三代所形成的"周文"是华夏社会文化的第一乐章，"郁郁乎文哉。""周文"出现后社会意识成为人们社会活动的第一意识，其后的文化就是社会意识化，即以社会意识为向心力而实现民族团结。

华夏社会的意识形态有三种形式：

第一种是已经形成的社会意识，可以归为社会学上的宗教范畴。比如"周文"，它是社会发展在一定的时期内所形成的道德共识。"哀公问社于宰我"，即谓三代所形成的共识就是以社会为核心的人文化成，公会、族群和家庭意识都必须符合社会意识。让公会、族群和家庭意识符合社会意识既是社会之名，也是文化之本。孔子说："有教无类"，既然形成了教义就无须类别，所以宗教意识是无须解释的社会意识，它有标准的社会答案，属于"凡是"，"形而下者谓之器"，斯之谓也。将有所解释的教义定义为"释教"是符合社会教化的历史特征的，"释教"是社会的知识，知识是文化的根本。"释教"在社会意识形态学（国学）里被称为"释学"。孔子所修的"六艺"属于"释学"中的经典，而《论语》就是孔子讲述"六艺"之时的论经之语，这是我对《论语》的书名解释。

第二种是正在形成的社会意识，可以归为社会学上的文化范畴。文化是对尚未形成的社会意识进行强化，使人相信新的社会意识或正在进行的社会革命是可行的。比如社会在实行封建革命之后，必须对封建制度以及封建阶级树立信心，及至服从。古人将"信服"二字简称为"儒"，因此，相应于"释教"而言，正在进行文化的知识就是"儒教"，它是正在更新的知识，也是让人信服的学说，将其放在社会学里就是"儒学"。在此要指出的是，文化知识形成教义之后就归属于宗教的范畴了，于是又产生新的文化。与宗教比起来，文化在社会的进程中总是勉为其难的，所以做文化的人往往是吃力不讨好的，因为文化做得好是源于哲学的先声，文化做好了又是知识的积累，为宗教所用。因此，有些儒家者总是屁股坐在释家的板凳上说着道家的话，以说一不二的形而下学和一分为二的形而上学，对待正在形成的社会意识。从《论语》中可以看出，孔子平生都甘做一个文化的二传手，既能"述而不作"，又可"有马者借人乘之"。孔子在释、儒、道中是以文化教育为主的，所以孔子的名声在于教育之上。孔子的教育理念是"色斯举矣，翔而后集。山梁雌雉，时哉时哉"。《论语》中的大多言论讲的就是宗教的道德规范，即周礼。所谓周礼就是"周文"的最佳貌，教育与文化的结合就是"礼之用，和为贵"。如果说"周文"是宗教，那么《论语》就是复兴周礼的文化学，学而时习之，百世或继周。因此，《论语》不愧为一部与社会时代教学相长的经典，也是后世治学的范本。

第三种是将会出现的社会意识，可以归为社会学上的哲学范畴。易曰："形而上者谓之道。"古人将哲学视为道学，后来又以形而上学与西学对应。因此，相应"释教"和"儒教"而言，哲学就是"道教"，是研究大道理的学术，与"释学"和"儒学"并行则为"道学"。《论语》中孔子所谈论的"道"基本上都是文化之道，亦德行，如"士志于道"。所谓德行就是道德进行中，即以"释学"作根本，以"道学"为目标，以"儒学"来运作。《论语》中也有些关于道学的言论，如"五十而知天命"而"罕言利与命与仁"；"凤鸟不至，河不出图"而"从政者殆尔"；"阙党童子将命"而"见其居于位也"等，所有这些都属于先见之明，说明孔子也有哲人之名。

以上所说的三种社会意识形态的形式实际上是相互关联在一起的，宗教的尽处与文化相连，文化的尽处与哲学相连；文化成果变为宗教，哲学思想变为文化。在宗教、文化、哲学的互动中，一旦社会意识发生变革，曾经的文化意识就变为宗教意识，哲学意识就变为文化意识。宗教与哲学间的零界是文明的境界，易曰："攸利以往天文也，文明以止人文也，人文化成。"

《论语》中提到孔子率先将利与命与仁这三者联系在一起，这是最早对应释、儒、道本质的说法，即释教得利、儒教得仁、道教得命，终归为社会道德。孔子的伟大之处就是在六经中发现了"仁"之说，使仁居于利与命的中间，成为中庸之道，"吾道一以贯之"就是为仁。为仁是儒家文化的重任，并不逊色于释家与道家，"当仁不让于师"。"克己复礼为仁"，孔子将仁和儒家文化画上了等号，为仁即是儒家。因为儒家是释教和道教的第三方，所以儒家在理论上没有自己的地位，其学说只能成为道理，而不可能用理论来证实。例如武王"三分天下有其二，以服事殷"。从理论上来讲是说不通的，而其又确实存在，所以孔子谓之"至德"。

在社会意识形态中分出释、儒、道三种形式，可以避免我们在社会发展的进程中过于保守、过于自由、过于空想。固守宗教，世间就无从进化；滥用文化，世间就没有秩序；空谈哲学，世间就没有止境。在宗教与哲学的对峙中，文化的作用就是让强势的宗教意识向弱势的哲学意识转化。因此，文化的重任就是让强势向弱势的转化，文化的特点就是克己。例如当社会看重物质利益的时候，文化就应该注重于社会的精神利益；当社会看重精神利益的时候，文化就应该注重于社会的物质利益。其为文化地位的变迁，它随着文化的异化而进行了文化革命。及至我们的生活之中，不恃强凌弱就是文化，不突出自己就是文化。

以上所说是基于我在《论语比读》中的"我译"之说，如果按"通译"之说，就无法解释我所说的一切了。例如：

子曰："有教无类。"

范译：孔子说："有了教义之后，就不要再去类别了。"

通译：孔子说："人人都可以接受教育，不分族类。"

子罕言利与命与仁。

范译：孔子率先谈到利与命与仁之间的关系。

通译：孔子很少谈到利益，却赞成天命和仁德。

哀公问社于宰我。

范译：鲁哀公问宰我，华表应该用什么树木做。

通译：鲁哀公问宰我，土地神的神主应该用什么树木。

由于文化的使命是强势向弱势的转化，所以文化有时很任性，文化人的想法往往与大家不一样，也不喜欢往人多的地方站，是为不以利往。在"论语文化"中，笔者敢以一己之力，用"范译"与流行了两千多年的"通译"相比，确实是够任性的了。

最后，我希望自己的任性，获得读者的采信，使强势的"通译"逐步向弱势的"范译"转化，最终让《论语》重新进入课堂。

范植桓
2015 年 5 月于南湖

# 目　录

# 学 而 篇

**【原文】1·1**

子曰："学而时习之，不亦说乎？有朋自远方来，不亦乐乎？人不知而不愠，不亦君子乎？"

**[范译]**

孔子说："学吧，而且要养成良好的习惯，这不就可以进行交流吗？在学习中继承和发扬了先辈的理论，这不就可以得到快乐吗？即使你的学说一时不被推崇，也不抱怨，这不就证明你是一个君子吗？"

**[通译]**

孔子说："学了又时常温习和练习，不是很愉快吗？有志同道合的人从远方来，不是很令人高兴的吗？人家不了解我，我也不怨恨、恼怒，不也是一个有德的君子吗？"

**【原文】1·2**

有子曰："其为人也孝弟，而好犯上者，鲜矣；不好犯上，而好作乱者，未之有也。君子务本，本立而道生。孝弟也者，其为仁之本与！"

**[范译]**

有子说："做人能够孝顺父母，善待兄长，却好冒犯上司的现象，是很少见的；不好冒犯上司，却好作乱的现象是难以见到的。君子致力于根本，根本确立了，就可以走上正道。孝顺父母，善事兄长，这样的行为就是仁的根本啊！"

**[通译]**

有子说："孝顺父母，顺从兄长，而喜好触犯上层统治者，这样的人是很少见的。不喜好触犯上层统治者，而喜好造反的人是没有的。君子专心致力于根本的事务，根本建立了，治国做人的原则也就有了。孝顺父母、顺从兄长，这就是仁的根本啊！"

## 【原文】1·3

子曰："巧言令色，鲜矣仁。"

**[范译]**

孔子说："花言巧语，故作声色，就鲜见于仁了。"

**[通译]**

孔子说："花言巧语，装出和颜悦色的样子，这种人的仁心就很少了。"

## 【原文】1·4

曾子曰："吾日三省吾身。为人谋而不忠乎？与朋友交而不信乎？传不习乎？"

**[范译]**

曾子说："我每天要对自己做一个大概的反省。为人谋划是否尽忠？与人交往是否尽信？圣贤之书是否温习？"

**[通译]**

曾子说："我每天多次反省自己，为别人办事是不是尽心竭力了呢？同朋友交往是不是做到诚实可信了呢？老师传授给我的学业是不是复习了呢？"

## 【原文】1·5

子曰："道千乘之国，敬事而信，节用而爱人，使民以时。"

**[范译]**

孔子说："治理一个大国，必须敬谨于事并且广诏天下，关键是用人而爱人，使民众得以向善。"

**[通译]**

孔子说："治理一个拥有一千辆兵车的国家，就要严谨认真地办理国家大事而又恪守信用，诚实无欺，节约财政开支而又爱护官吏臣僚，役使百姓要不误农时。"

---

## 【原文】1·6

子曰："弟子入则孝，出则弟，谨而信，泛爱众，而亲仁，行有余力，则以学文。"

**[范译]**

孔子说："为人弟子在家中要孝顺父母，外出要尊敬兄长。谨慎而信达，与人为善，并且亲力亲为于仁。做到这些之后还有工夫，最好是用来学习礼乐。"

**[通译]**

孔子说："弟子们在父母跟前，就孝顺父母；出门在外，要顺从师长，言行要谨慎，要诚实可信，寡言少语，要广泛地去爱众人，亲近那些有仁德的人。这样躬行实践之后，还有余力的话，就再去学习文献知识。"

---

## 【原文】1·7

子夏曰："贤贤易色。事父母，能竭其力；事君，能致其身；与朋友交，言而有信。虽曰未学，吾必谓之学矣。"

**[范译]**

子夏说："以贤为贤，不露声色。侍奉父母，能够竭尽全力；服侍君主，能够奉献身心；同朋友交往，能够言而有信。即使难以说其学问与否，我也一定会称之有学识了。"

**[通译]**

子夏说："一个人能够看重贤德而不以女色为重；侍奉父母，能够竭尽全力；服侍君主，能够献出自己的生命；同朋友交往，说话诚实恪守信用。这样的人，尽管他自己说没有学习过，我一定说他已经学习过了。"

## 【原文】1·8

子曰："君子不重则不威；学则不固。主忠信。无友不如己者，过则勿惮改。"

**[范译]**

孔子说："君子没有分量，就没有威望，学说自然也就不牢固。以忠信为主导，不要以为别人的支持和帮助不如己意，有过这样的情况也不要怕，改了就行。"

**[通译]**

孔子说："君子，不庄重就没有威严；学习可以使人不闭塞；要以忠信为主，不要同与自己不同道的人交朋友；有了过错，就不要怕改正。"

## 【原文】1·9

曾子曰："慎终追远，民德归厚矣。"

**[范译]**

曾子说："顺利地完成未尽事业，追求更远大的理想，民众就会得到兴旺发达了。"

**[通译]**

曾子说："谨慎地对待父母的去世，追念久远的祖先，自然会导致老百姓日趋忠厚老实了。"

## 【原文】1·10

子禽问于子贡曰："夫子至于是邦也，必闻其政，求之与，抑与之与？"子贡曰："夫子温、良、恭、俭、让以得之。夫子之求之也，其诸异乎人之求之与？"

**[范译]**

子禽问子贡说："老师到了一个国家，假如要了解这个国家的政事，是他自己去问呢，还是别人主动给予？"子贡说："老师凭借温良恭俭让以得之，哪怕是求，他的方法也是异于常人的吧？"

**[通译]**

子禽问子贡说："老师到了一个国家，总是预闻这个国家的政事。（这种资格）是他自己求得呢，还是人家国君主动给他的呢？"子贡说："老师温良恭俭让，所以才得到这样的资格，（这种资格也可以说是求得的，）但他求的方法，或许与别人的求法不同吧？"

## 【原文】1·11

子曰："父在，观其志；父没，观其行；三年无改于父之道，可谓孝矣。"

**[范译]**

孔子说；"父亲年迈之后，要注意观察他的志向；父亲去世后，要观察他的道行；三年之内继承遗志，走完父亲的道路，这样的人就可以称为孝了。"

**[通译]**

孔子说；"当他父亲在世的时候，（因为他无权独立行动，）要观察他的志向；在他父亲死后，要考察他的行为；若是他对他父亲的合理部分长期不加改变，这样的人可以说是尽到孝了。"

## 【原文】1·12

有子曰："礼之用，和为贵。先王之道，斯为美。小大由之；有所不行；知和而和，不以礼节之，亦不可行也。"

**[范译]**

有子说："礼的应用，贵在合适。推崇礼乐之道，要以此为美。大小随意作为；有适当的不依行；知道行礼而一味附和，但却没有履行相应的礼节，同样也是不可行的。"

**[通译]**

有子说："礼的应用，以和谐为贵。古代君主的治国方法，可宝贵的地方就在这里。但不论大事小事只顾按和谐的办法去做，有的时候就行不通。（这是因为）为和谐而和谐，不以礼来节制和谐，也是不可行的。"

## 【原文】1·13

有子曰："信近于义，言可复也；恭近于礼，远耻辱也。因不失其亲，亦可宗也。"

**[范译]**

　　有子说："说出来的话贴切于公道，其言语就可以得到履行；出入以礼相伴，就能远离耻辱。如此就能不失左右，也会被人推崇。"

**[通译]**

　　有子说："讲信用要符合于义，（符合于义的）话才能实行；恭敬要符合于礼，这样才能远离耻辱；所依靠的都是可靠的人，也就值得尊敬了。"

## 【原文】1·14

　　子曰："君子食无求饱，居无求安，敏于事而慎于言，就有道而正焉，可谓好学也已。"

**[范译]**

　　孔子说："君子在饮食上不追求过饱，在住处上不追求安逸，敏捷于事，顺行于言，能走正道，这就可以说是好学的表现了。"

**[通译]**

　　孔子说："君子，饮食不求饱足，居住不要求舒适，对工作勤劳敏捷，说话却小心谨慎，到有道的人那里去匡正自己，这样可以说是好学了。"

## 【原文】1·15

　　子贡曰："贫而无谄，富而无骄，何如？"子曰："可也。未若贫而乐，富而好礼者也。"子贡曰："《诗》云：'如切如磋！如琢如磨。'其斯之谓与？"子曰："赐也！始可与言《诗》已矣，告诸往而知来者。"

**[范译]**

　　子贡说："贫穷而不去谄媚，富贵而不会骄横，这样如何？"孔子说："这样当然可以。要是能表现得贫穷却快乐，富贵却好礼就更好了。"子贡说："《诗》上说，'如切如磋！如琢如磨'，讲的就是如此吧？"孔子说："赐呀，现在开始可以同你谈论《诗》的底蕴了，告知了往事的辨治，就领会了现在

**[通译]**

　　子贡说："贫穷而能不谄媚，富有而能不骄傲自大，怎么样？"孔子说："这也算可以了。但是还不如虽贫穷却乐于道，虽富裕而又好礼之人。"子贡说："《诗》上说，'要像对待骨、角、象牙、玉石一样，切磋它，琢磨它'，就是讲的这个意思吧？"孔子说："赐呀，你能从我已经讲过的话中领会到我还没

的情形。"

有说到的意思，举一反三，我可以同你谈论《诗》了。"

## 【原文】1·16

子曰："不患人之不己知，患不知人也。"

[范译]

孔子说："不要因为别人不理会自己而忧虑，该自虑的是你是否理会别人。"

[通译]

孔子说："不怕别人不了解自己，只怕自己不了解别人。"

# 为 政 篇

**【原文】2·1**

子曰:"为政以德,譬如北辰,居其所而众星共之。"

[范译]

孔子说:"为政要以道德为准则,就像北极星那样,居己位,而众星都环绕在它的周围。"

[通译]

孔子说:"(国君)以道德教化来治理政事,就会像北极星那样,自己居于一定的方位,而群星都会环绕在它的周围。"

**【原文】2·2**

子曰:"《诗》三百,一言以蔽之,曰:'思无邪。'"

[范译]

孔子说:"《诗经》三百篇,用一句话来概括它,那就是让你思绪无边。"

[通译]

孔子说:"《诗经》三百篇,可以用一句话来概括它,就是'思想纯正'。"

**【原文】2·3**

子曰:"道之以政,齐之以刑,民免而无耻;道之以德,齐之以礼,有耻且格。"

[范译]

孔子说："以行政去引导，以刑罚来约束，多数人就会为了避免处罚而不讲羞耻了；用道德去引导，用礼义去约束，人们就会有羞耻之心，而且能自我匡正。"

[通译]

孔子说："用法制禁令去引导百姓，使用刑法来约束他们，老百姓只是求得免于犯罪受惩，却失去了廉耻之心；用道德教化引导百姓，使用礼制去统一百姓的言行，百姓不仅会有羞耻之心，而且也就守规矩了。"

【原文】2·4

子曰："吾十有五而志于学，三十而立，四十而不惑，五十而知天命，六十而耳顺，七十而从心所欲不逾矩。"

[范译]

孔子说："我十五岁开始就专志于学；三十岁以后就建立了自己的学术体系；四十岁以后就逐步实现了自己的志向；五十岁以后就开始取知天命；六十岁以后就没有听不进的言论；七十岁以后即使随心所欲，也不会逾越法度。"

[通译]

孔子说："我十五岁立志于学习；三十岁能够自立；四十岁能不被外界事物所迷惑；五十岁懂得了天命；六十岁能正确对待各种言论，不觉得不顺；七十岁能随心所欲而不越出规矩。"

【原文】2·5

孟懿子问孝，子曰："无违。"樊迟御，子告之曰："孟孙问孝于我，我对曰无违。"樊迟曰："何谓也？"子曰："生，事之以礼；死，葬之以礼，祭之以礼。"

[范译]

孟懿子问什么为孝，孔子说："孝就是不要违背礼。"樊迟侍从在旁，孔子告诉他："孟孙氏刚才问我什

[通译]

孟懿子问什么是孝，孔子说："孝就是不要违背礼。"后来樊迟给孔子驾车，孔子告诉他："孟孙问我

么为孝，我回答他说不要违背礼。"
樊迟说："这话是什么意思呢？"
孔子说："父母在世的时候，要以
礼侍奉他们；父母去世后，要以礼
安葬他们、祭祀他们。"

什么是孝，我回答他说不要违背礼。"
樊迟说："不要违背礼是什么意思
呢？"孔子说："父母活着的时候，
要按礼侍奉他们；父母去世后，要
按礼埋葬他们、祭祀他们。"

## 【原文】2·6

孟武伯问孝，子曰："父母唯其疾之忧。"

**[范译]**

孟武伯问为什么要行孝。孔子
说："因为父母无其不在地为儿女
的疾患而担忧。"

**[通译]**

孟武伯向孔子请教孝道。孔子
说："对父母，要特别为他们的疾
病担忧。（这样做就可以算是尽
孝了。）"

## 【原文】2·7

子游问孝，子曰："今之孝者，是谓能养。至于犬马，皆能有养，不敬，
何以别乎？"

**[范译]**

子游问什么是孝，孔子说："如
今孝的表现，被称为是赡养父母。
现在连犬马也能得到饲养，不以敬
待，那又有何区别呢？"

**[通译]**

子游问什么是孝，孔子说："如
今所谓的孝，只是说能够赡养父母
便足够了。然而，就是犬马都能够
得到饲养。如果不存心孝敬父母，
那么赡养父母与饲养犬马又有什么
区别呢？"

## 【原文】2·8

子夏问孝，子曰："色难。有事，弟子服其劳；有酒食，先生馔，曾是以
为孝乎！"

**[范译]**

子夏问什么是孝,孔子说:"发怒之时要回避。侍奉之事,可以由弟兄或儿女代劳;有好酒好饭,由年长者向父母呈上,过去都是以这为孝啊!"

**[通译]**

子夏问什么是孝,孔子说:"(当子女的要尽到孝,)最不容易的就是对父母和颜悦色,仅仅是有了事情,儿女需要替父母去做,有了酒饭,让父母吃,难道能认为这样就可以算是孝了吗?"

---

## 【原文】2·9

子曰:"吾与回言,终日不违,如愚。退而省其私,亦足以发,回也不愚。"

**[范译]**

孔子说:"我与颜回言谈,到了都一言不发,好像没有自己的见解。等我去观察他私下的言论,对我所讲的却能加以发挥,颜回其实并不像我想的那样愚笨。"

**[通译]**

孔子说:"我整天给颜回讲学,他从来不提反对意见和疑问,像个蠢人。等他退下之后,我考察他私下的言论,发现他对我所讲授的内容有所发挥,可见颜回其实并不蠢。"

---

## 【原文】2·10

子曰:"视其所以,观其所由,察其所安,人焉廋哉?人焉廋哉?"

**[范译]**

孔子说:"视其平时所为,观其平时所从,察其平时所在,人怎么可能隐藏呢?人怎么可能隐藏得了呢?"

**[通译]**

孔子说:"(要了解一个人,)应看他言行的动机,观察他所走的道路,考察他安心干什么,这样,这个人怎样能隐藏得了呢?这个人怎样能隐藏得了呢?"

---

## 【原文】2·11

子曰:"温故而知新,可以为师矣。"

[范译]

孔子说："重温过去，就能得到新知，历史可以作为借鉴。"

[通译]

孔子说："在温习旧知识时，能有新体会、新发现，就可以当老师了。"

【原文】2·12

子曰："君子不器。"

[范译]

孔子说："君子非凡，出众。"

[通译]

孔子说："君子不像器具那样（只有某一方面的用途）。"

【原文】2·13

子贡问君子。子曰："先行其言而后从之。"

[范译]

子贡问怎样做一个君子。孔子说："先行思好自己要说的话，而后纵言之。"

[通译]

子贡问怎样做一个君子。孔子说："对于你要说的话，先实行了，再说出来。（这就够说是一个君子了。）"

【原文】2·14

子曰："君子周而不比，小人比而不周。"

[范译]

孔子说："君子忠贞，但是不屈从，小人屈从，但是不忠贞。"

[通译]

孔子说："君子合群而不与人勾结，小人与人勾结而不合群。"

【原文】2·15

子曰："学而不思则罔，思而不学则殆。"

**[范译]**

孔子说："学习离开了书本知识就会有所迷惘，仅靠书本知识而不去交流就会有所欠缺。"

**[通译]**

孔子说："只读书学习，而不思考问题，就会惘然无知而没有收获；只空想而不读书学习，就会疑惑而不能肯定。"

---

## 【原文】2·16

子曰："攻乎异端，斯害也已。"

**[范译]**

孔子说："治学的大害就是思出其位，步入歧途，迷不知返。"

**[通译]**

孔子说："攻击那些不正确的言论，祸害就可以消除了。"

---

## 【原文】2·17

子曰："由，诲女知之乎？知之为知之，不知为不知，是知也。"

**[范译]**

孔子说："由，我教给你做人的方法，明白了吗？知道就告诉知道，不知道就告诉不知道，这才明智啊！"

**[通译]**

孔子说："由，我教给你怎样做的话，你明白了吗？知道的就是知道，不知道就是不知道，这就是智慧啊！"

---

## 【原文】2·18

子张学干禄，子曰："多闻阙疑，慎言其余，则寡尤；多见阙殆，慎行其余，则寡悔。言寡尤，行寡悔，禄在其中矣。"

**[范译]**

子张学写干禄文章。孔子说："要多听，不要附和别人的言论，要顺理成章地说出别人没有说的东西，这样就可以减少责怪；要多看，不

**[通译]**

子张要学谋取官职的办法。孔子说："要多听，有怀疑的地方先放在一旁不说，其余有把握的，也要谨慎地说出来，这样就可以少犯

要重复和别人相近的观点，要道理别人没有论述清楚的观点，这样就减少过失。言论少责怪，道理少过失，干禄就会被人赏识，官职俸禄就在这文章里面了。"

错误；要多看，有怀疑的地方先放在一旁不做，其余有把握的，也要谨慎地去做，就能减少后悔。说话少过失，做事少后悔，官职俸禄就在这里了。"

## 【原文】2·19

哀公问曰："何为则民服？"孔子对曰："举直错诸枉，则民服；举枉错诸直，则民不服。"

**[范译]**

鲁哀公问："怎样才能使百姓顺从呢？"孔子回答说："推举公平正义，反对歪门邪道，百姓自然就会顺从；推举歪门邪道，反对公平正义，百姓自然就不会顺从。"

**[通译]**

鲁哀公问："怎样才能使百姓服从呢？"孔子回答说："把正直无私的人提拔起来，把邪恶不正的人置于一旁，老百姓就会服从了；把邪恶不正的人提拔起来，把正直无私的人置于一旁，老百姓就不会服从统治了。"

## 【原文】2·20

季康子问："使民敬、忠以劝，如之何？"子曰："临之以庄，则敬；孝慈，则忠；举善而教不能，则劝。"

**[范译]**

季康子问道："要得到老百姓尊敬、效忠和悦从，应该从何做起呢？"孔子说："你以庄重的态度对待老百姓，得到的就是尊敬；你对父母孝顺，对子弟慈祥，得到的就是效忠；你以善者为己用，

**[通译]**

季康子问道："要使老百姓对当政的人尊敬、尽忠而努力干活，该怎样去做呢？"孔子说："你用庄重的态度对待老百姓，他们就会尊敬你；你对父母孝顺、对子弟慈祥，百姓就会尽忠于你；你选用善良的

而且教化没有能力的人，得到的就是悦从。"

人，又教育能力差的人，百姓就会互相勉励，加倍努力了。"

## 【原文】2·21

或谓孔子曰："子奚不为政？"子曰："《书》云：'孝乎惟孝，友于兄弟，施于有政。'是亦为政，奚其为为政？"

[范译]

有人评论孔子："孔子怎么没有从政呢？"孔子回答说："《尚书》上说：'孝不仅是孝敬父母，还有友爱兄弟，同样可用于政事。'我现在也是将孝道用于为政，怎么说这样做是不为政呢？"

[通译]

有人对孔子说："你什么不从事政治呢？"孔子回答说："《尚书》上说，'孝就是孝敬父母，友爱兄弟。'把这孝悌的道理施于政事，也就是从事政治，又要怎样才能算是为政呢？"

## 【原文】2·22

子曰："人而无信，不知其可也。大车无輗，小车无軏，其何以行之哉？"

[范译]

孔子说："人如果不将自己的信念表达出来，别人就无法适从。就像大车没有輗、小车没有軏一样，掌握不了方向，靠什么来成行呢？"

[通译]

孔子说："一个人不讲信用，是根本不可以的。就好像大车没有輗、小车没有軏一样，它靠什么行走呢？"

## 【原文】2·23

子张问："十世可知也？"子曰："殷因于夏礼，所损益，可知也；周因于殷礼，所损益，可知也。其或继周者，虽百世，可知也。"

[范译]

子张问孔子："世代可以预知吗？"孔子回答说："商朝承袭了

[范译]

子张问孔子："世代可以预知吗？"孔子回答说："商朝承袭了

夏朝的礼制，所减少和增加的制度是可以知道的；周朝又承袭了商朝的礼制，所减少和增加的制度也是可以知道的。如果将来承袭周朝的话，就是百世以后的情况，也是可以知道的。"

夏朝的礼仪制度，所减少和所增加的内容是可以知道的；周朝又继承商朝的礼仪制度，所废除的和所增加的内容也是可以知道的。将来有继承周朝的，就是一百世以后的情况，也是可以预先知道的。"

## 【原文】2·24

子曰："非其鬼而祭之；谄也。见义不为，无勇也。"

[范译]

孔子说："事情并非那样神奇，却被吹捧得神乎其神，就是谄媚。应该表现出正义的时候却不作为，就是怯懦。"

[通译]

孔子说："不是你应该祭的鬼神，你却去祭它，这就是谄媚。见到应该挺身而出的事情，却袖手旁观，就是怯懦。"

# 八佾篇

**【原文】3·1**

孔子谓季氏，"八佾舞于庭，是可忍也，孰不可忍也！"

[范译]

孔子谈到季氏的时候说："八佾都在他庭上起舞了，这样的事情都可以容忍，还有什么事情不可容忍呢？"

[通译]

孔子谈到季氏，说，"他用六十四人在自己的庭院中奏乐舞蹈，这样的事他都忍心去做，还有什么事情不可狠心做出来呢？"

**【原文】3·2**

三家者以《雍》彻。子曰："'相维辟公，天子穆穆'，奚取于三家之堂？"

[范译]

孟孙氏、叔孙氏和季孙氏三家在祭祀的时候以《雍》来结束仪式。孔子说："'相维辟公，天子穆穆'，意思是只有诸侯主祭和天子参加的祭祀才能够以《雍》来作为结束曲的。你三家者怎么能取它于自家之堂呢？"

[通译]

孟孙氏、叔孙氏、季孙氏三家在祭祖完毕撤去祭品时，也命乐工唱《雍》这篇诗。孔子说："（《雍》诗上这两句）'助祭的是诸侯，天子严肃静穆地在那里主祭。'这样的意思，怎么能用在你三家的庙堂里呢？"

## 【原文】3·3

子曰:"人而不仁,如礼何?人而不仁,如乐何?"

[范译]

孔子说:"如果有地位的人都不行仁德的话,礼再好又有何用?如果有地位的人都不行仁德的话,乐再好又有何用?"

[通译]

孔子说:"一个人没有仁德,他怎么能实行礼呢?一个人没有仁德,他怎么能运用乐呢?"

## 【原文】3·4

林放问礼之本。子曰:"大哉问!礼,与其奢也,宁俭;丧,与其易也,宁戚。"

[范译]

林放问什么是礼的根本。孔子回答说:"你的问题涉及很广,就礼节仪式而言,允许其奢侈,却宁愿节俭;就丧事而言,允许其耗费,却宁愿简省。"

[通译]

林放问什么是礼的根本。孔子回答说:"你问的问题意义重大,就礼节仪式的一般情况而言,与其奢侈,不如节俭;就丧事而言,与其仪式上治办周备,不如内心真正哀伤。"

## 【原文】3·5

子曰:"夷狄之有君,不如诸夏之亡也。"

[范译]

孔子说:"夷狄这样的地方都在朝国君制迈进,不像中原国家的一些主君都在衰亡。"

[通译]

孔子说:"夷狄(文化落后)虽然有君主,还不如中原诸国没有君主呢。"

## 【原文】3·6

季氏旅于泰山,子谓冉有曰:"女弗能救与?"对曰:"不能。"子曰:"呜呼!曾谓泰山不如林放乎?"

**[范译]**

季孙氏去祭祀泰山。孔子就季氏的行为对冉有说："你就不能向季孙氏说明祭祀泰山的礼仪，以此来劝阻他吗？"冉有说："没有这个能力。"孔子说："唉！你怎么说起泰山的典故，还不如林放知道的多呢？"

**[通译]**

季孙氏去祭祀泰山。孔子对冉有说："你难道不能劝阻他吗？"冉有说："不能。"孔子说："唉！难道说泰山神还不如林放知礼吗？"

## 【原文】3·7

子曰："君子无所争，必也射乎！揖让而升，下而饮，其争也君子。"

**[范译]**

孔子说："君子不会像一般人那样去争论，一定会像射箭一样心平气和地各抒己见，这才会不失中正。礼乐文德因此而升，旁门左道因此而隐。像这样的争论才是君子啊。"

**[通译]**

孔子说："君子没有什么可与别人争的事情。如果有的话，那就是射箭比赛了。比赛时，先互作揖谦让，然后上场。射完后，又相互作揖再退下来，然后登堂喝酒。这就是君子之争。"

## 【原文】3·8

子夏问曰："'巧笑倩兮，美目盼兮，素以为绚兮。'何谓也？"子曰："绘事后素。"曰："礼后乎？"子曰："起予者商也，始可与言《诗》已矣。"

**[范译]**

子夏问孔子："'巧笑倩兮，美目盼兮，素以为绚兮（笑得美丽是因为含蓄啊，眼睛漂亮是因为黑白分明啊，那美丽和漂亮是因为质朴而不加装饰啊）。'这几句话讲的是

**[通译]**

子夏问孔子："'笑得真好看啊，美丽的眼睛真明亮啊，用素粉来打扮啊。'这几句话是什么意思呢？"孔子说："这是说先有白底然后画画。"子夏又问："那么，是不是

**[范译]**

什么？"孔子说："描绘的是新娘在房事之后的天然自得的神态。"子夏又问："是礼之后吗（行礼与行房一样，享受的是自知自觉的快感）？"孔子说："商，你启发了我的思路啊，现在可以同你一起讨论《诗经》了。"

**[通译]**

说礼也是后起的事呢？"孔子说："商，你真是能启发我的人，现在可以同你讨论《诗经》了。"

## 【原文】3·9

子曰："夏礼吾能言之，杞不足征也；殷礼吾能言之，宋不足征也。文献不足故也。足，则吾能征之矣。"

**[范译]**

孔子说："夏朝的礼节，我能说出来，杞国的却无法展开来说；殷朝的礼节，我能说出来，宋国的却无法展开来说。这都是由于文献不足的缘故。如果文献足够的话，我就可以引用并展开了。"

**[通译]**

孔子说："夏朝的礼，我能说出来，（但是它的后代）杞国不足以证明我的话；殷朝的礼，我能说出来，（但它的后代）宋国不足以证明我的话。这都是由于文字资料和熟悉夏礼和殷礼的人不足的缘故。如果足够的话，我就可以得到证明了。"

## 【原文】3·10

子曰："禘自既灌而往者，吾不欲观之矣。"

**[范译]**

孔子说："禘礼过了斟酒浇地的时候还有往来的现象，我再也不想看见了。"

**[通译]**

孔子说："对于行禘礼的仪式，从第一次献酒以后，我就不愿意看了。"

**【原文】3·11**

　　或问禘之说，子曰："不知也。知其说者之于天下也，其如示诸斯乎！"指其掌。

[范译]

　　有人问孔子关于举行禘祭的礼节。孔子说："没有必要讲了。讲其礼节的人已经把它传于天下了，其明辨就如它一样吧！"说着指着自己的手掌。

[通译]

　　有人问孔子关于举行禘祭的规定。孔子说："我不知道。知道这种规定的人，对治理天下的事，就会像把这东西摆在这里一样（容易）吧！"（一面说一面）指着他的手掌。

---

**【原文】3·12**

　　祭如在，祭神如神在。子曰："吾不与祭，如不祭。"

[范译]

　　真正的祭祀就在于，祭神就如同神在面前一样。孔子说："我们不像这样祭祀，那就等于没有祭祀一样。"

[通译]

　　祭祀祖先就像祖先真在面前，祭神就像神真在面前。孔子说："我如果不亲自参加祭祀，那就和没有举行祭祀一样。"

---

**【原文】3·13**

　　王孙贾问曰："'与其媚于奥，宁媚于灶'，何谓也？"子曰："不然。获罪于天，无所祷也。"

[范译]

　　王孙贾问道："与其取媚于奥主（喻国君），却宁愿阿附灶神（喻大夫）。这话是什么意思？"孔子说："这样做是不适宜的。如果得罪了天，那就没有什么可以祷告的了。"

[通译]

　　王孙贾问道："（人家都说）与其奉承奥神，不如奉承灶神。这话是什么意思？"孔子说："不是这样的。如果得罪了天，那就没有地方可以祷告了。"

## 【原文】3 · 14

子曰："周监于二代，郁郁乎文哉，吾从周。"

**[范译]**

孔子说："周朝的礼仪制度借鉴于夏、商二代，与其完美地结合在一起。因此，我们要遵从周朝的礼仪制度。"

**[通译]**

孔子说："周朝的礼仪制度借鉴于夏、商二代，是多么丰富多彩啊。我遵从周朝的制度。"

## 【原文】3 · 15

子入太庙，每事问。或曰："孰谓鄹人之子知礼乎？入太庙，每事问。"子闻之，曰："是礼也。"

**[范译]**

孔子进入太庙，每件事都要过问。有人说："凭什么称谓鄹人的后代懂得礼呀，到了太庙里，所有事情都要问。"孔子听到以后说："这就是礼呀！"

**[通译]**

孔子到了太庙，每件事都要问。有人说："谁说此人懂得礼呀，他到了太庙里，什么事都要问别人。"孔子听到此话后说："这就是礼呀！"

## 【原文】3 · 16

子曰："射不主皮，为力不同科，古之道也。"

**[范译]**

孔子说："乡射（相互言译）是不主张乱扯的，这相当于劳役时不是一个等级的人不在同一个区域做事一样。自古以来就有这个道理。"

**[通译]**

孔子说："比赛射箭，不在于穿透靶子，因为各人的力气大小不同。自古以来就是这样。"

## 【原文】3 · 17

子贡欲去告朔之饩羊。子曰："赐也！尔爱其羊，我爱其礼。"

[范译]

子贡想把每月初一日告祭祖庙用的活羊去掉。孔子笑道："赐，你爱的是那只羊，我爱的是这个礼。"

[通译]

子贡提出去掉每月初一日告祭祖庙用的活羊。孔子说："赐，你爱惜那只羊，我却爱惜那种礼。"

## 【原文】3·18

子曰："事君尽礼，人以为谄也。"

[范译]

孔子说："悉数按照礼来侍奉君王，他人还以为这样是谄媚啊。"

[通译]

孔子说："我完完全全按照周礼的规定去事奉君主，别人却以为这是谄媚呢。"

## 【原文】3·19

定公问："君使臣，臣事君，如之何？"孔子对曰："君使臣以礼，臣事君以忠。"

[范译]

鲁定公问孔子："君王怎样使用臣下，臣子怎样事奉君王呢？"孔子回答说："君王应该以礼貌对待臣子，臣子应该以忠诚来事奉君王。"

[通译]

鲁定公问孔子："君主怎样使唤臣下，臣子怎样事奉君主呢？"孔子回答说："君主应该按照礼的要求去使唤臣子，臣子应该以忠来事奉君主。"

## 【原文】3·20

子曰："《关雎》，乐而不淫，哀而不伤。"

[范译]

孔子说："《关雎》这篇诗，欢乐而不过甚，哀愁而不悲伤。"

[通译]

孔子说："《关雎》这篇诗，快乐而不放荡，忧愁而不哀伤。"

## 【原文】3·21

　　哀公问社于宰我，宰我对曰："夏后氏以松，殷人以柏，周人以栗，曰：使民战栗。"子闻之，曰："成事不说，遂事不谏，既往不咎。"

**[范译]**

　　鲁哀公问宰我，国社的标志（华表）应该用什么树木做，宰我回答："夏朝用松树，商朝用柏树，周朝用栗树，且言用栗树的意思是：使百姓战栗。"孔子听到后说："已经完成的事就不必再理论了，已经开始的事就不必再抱怨了，已经过去的事就不必再追究了。"

**[通译]**

　　鲁哀公问宰我，土地神的神主应该用什么树木，宰我回答："夏朝用松树，商朝用柏树，周朝用栗子树。用栗子树的意思是说：使老百姓战栗。"孔子听到后说："已经做过的事不用提了，已经完成的事不用再去劝阻了，已经过去的事也不必再追究了。"

## 【原文】3·22

　　子曰："管仲之器小哉！"或曰："管仲俭乎？"曰："管氏有三归，官事不摄，焉得俭？""然则管仲知礼乎？"曰："邦君树塞门，管氏亦树塞门；邦君为两君之好有反坫，管氏亦有反坫。管氏而知礼，孰不知礼？"

**[范译]**

　　孔子说："管仲这个人有一点不注意形象。"有人说："管仲俭点吗？"孔子说："他本人在家里搞三飨、三食和三燕之类的，大肆吃喝，连朝也不上，怎么谈得上约束呢？"那人又问："那么管仲知礼吗？"孔子回答："国君大门口设立照壁，管仲在大门口也设立照壁。国君与别国的国君举行会见时，在堂上有覆置酒杯的土台，管仲也有这样的土台。如果说管仲知礼，那么还有谁不知礼呢？"

**[通译]**

　　孔子说："管仲这个人的器量真是狭小呀！"有人说："管仲节俭吗？"孔子说："他有三处豪华的藏金府库，他家里的管事也是一人一职而不兼任，怎么谈得上节俭呢？"那人又问："那么管仲知礼吗？"孔子回答："国君大门口设立照壁，管仲在大门口也设立照壁。国君同别国国君举行会见时在堂上有放空酒杯的设备，管仲也有这样的设备。如果说管仲知礼，那么还有谁不知礼呢？"

**【原文】3·23**

子语鲁大师乐，曰："乐其可知也：始作，翕如也；从之，纯如也，皦如也，绎如也，以成。"

**[范译]**

孔子向学生们介绍鲁国的大师乐，他说："这音乐是可以懂得和理解的，开始演奏时五音齐鸣，展开之后，音律由和谐纯粹到响亮清澈，最后曲调徐缓，在连绵不断的余音中完成。"

**[通译]**

孔子对鲁国乐官谈论演奏音乐的道理说："奏乐的道理是可以知道的：开始演奏，各种乐器合奏，声音繁美；继续展开下去，悠扬悦耳，音节分明，连续不断，最后完成。"

**【原文】3·24**

仪封人请见，曰："君子之至于斯也，吾未尝不得见也。"从者见之。出曰："二三子何患于丧乎？天下之无道也久矣，天将以夫子为木铎。"

**[范译]**

按照礼仪，封疆之官请求晋见孔子，说："凡是有君子过往，我从来都是要求见一面的。"孔子依从了他的愿望，接见了他。他出来后感慨道："你们何必为周礼的长久存在而发愁呢？天下无道还为时已久，上天将以夫子作为圣人去号令天下。"

**[通译]**

仪这个地方的长官请求见孔子，他说："凡是君子到这里来，我从没有见不到的。"孔子的随从学生引他去见了孔子。他出来后（对孔子的学生们）说："你们几位何必为没有官位而发愁呢？天下无道已经很久了，上天将以孔夫子为圣人来号令天下。"

**【原文】3·25**

子谓《韶》："尽美矣，又尽善也。"谓《武》："尽美矣，未尽善也。"

**[范译]**

孔子论《韶》乐："整体的艺术形式美极了，每一章也很好。"论《武》乐："全篇很美，但是有些章节却不尽如人意。"

**[通译]**

孔子讲到"韶"这一乐舞时说："艺术形式美极了，内容也很好。"谈到"武"这一乐舞时说："艺术形式很美，但内容却差一些。"

## 【原文】3·26

子曰："居上不宽，为礼不敬，临丧不哀，吾何以观之哉？"

**[范译]**

孔子说："居于上位，不能宽厚待人；举行礼仪，不能恭敬端肃；亲临丧礼，不能伤感悲痛。这些情况下我如何看得下去？"

**[通译]**

孔子说："居于执政地位的人，不能宽厚待人，行礼的时候不严肃，参加丧礼时也不悲哀，这种情况我怎么能看得下去呢？"

# 里 仁 篇

【原文】4·1

子曰："里仁为美，择不处仁，焉得知？"

[范译]

孔子说："居于仁是最好的选择，不与仁为伍，怎么称得上是明智呢？"

[通译]

孔子说："跟有仁德的人住在一起，才是好的。如果你选择的住处不是跟有仁德的人在一起，怎么能说你是明智的呢？"

【原文】4·2

子曰："不仁者不可以久处约，不可以长处乐。仁者安仁，知者利仁。"

[范译]

孔子说："不仁的表现就是不适于长期地保持约束，也不适于长久地保持快乐。仁的表现是长期处于仁，智的表现是善于尽到仁。"

[通译]

孔子说："没有仁德的人不能长久地处在贫困中，也不能长久地处在安乐中。仁人是安于仁道的，有智慧的人则是知道仁对自己有利才去行仁的。"

## 【原文】4·3

子曰："唯仁者能好人，能恶人。"

**[范译]**

孔子说："可以说仁的表现是能友好于人，能憎恶于人。"

**[通译]**

孔子说："只有那些有仁德的人，才能爱人和恨人。"

## 【原文】4·4

子曰："苟志于仁矣，无恶也。"

**[范译]**

孔子说："长期立志于仁的话，就不会有恶果。"

**[通译]**

孔子说："如果立志于仁，就不会做坏事了。"

## 【原文】4·5

子曰："富与贵，是人之所欲也，不以其道得之，不处也；贫与贱，是人之所恶也，不以其道得之，不去也。君子去仁，恶乎成名？君子无终食之间违仁，造次必于是，颠沛必于是。"

**[范译]**

孔子说："富裕和显贵这是人所向往的，如果不是以正当的方法而得到的，则不会长久；贫穷与低贱是人所厌恶的，如果不是因为方法不当而造成的，则不会去掉。君子向往于仁，难道就不好成名吗？君子不会在一顿饭之间违背于仁，在慌忙仓促的时候也是如此，在颠沛流离的时候也是如此。"

**[通译]**

孔子说："富裕和显贵是人人都想要得到的，但不用正当的方法得到它，就不能享受到；贫穷与低贱是人人都厌恶的，但不用正当的方法去摆脱它，就不能摆脱。君子如果离开了仁德，又怎么能叫君子呢？君子没有一顿饭的时间背离仁德的，就是在最紧迫的时刻也必须按照仁德办事，就是在颠沛流离的时候，也一定会按仁德去办事的。"

**【原文】4·6**

子曰："我未见好仁者，恶不仁者。好仁者，无以尚之；恶不仁者，其为仁矣，不使不仁者加乎其身。有能一日用其力于仁矣乎，我未见力不足者。盖有之矣，我未之见也。"

[范译]

孔子说："我从未见过好仁的模样，也从未见过恶仁的模样。因为好仁的表现是不以为上的；恶仁的表现，其行为就是仁义的，因为他不让不仁的东西加在自己的身上。有能力的每天都把自己的精力用于仁了啊！我还没有看见有谁尽力不足的。上面所说现象可能存在吧，但是到现在为止我没见过啊。"

[通译]

孔子说："我没有见过爱好仁德的人，也没有见过厌恶不仁的人。爱好仁德的人，是不能再好的了；厌恶不仁的人，在实行仁德的时候，不让不仁德的人影响自己。有能一天把自己的力量用在实行仁德上吗？我还没有看见力量不够的。这种人可能还是有的，但我没见过。"

**【原文】4·7**

子曰："人之过也，各于其党。观过，斯知仁矣。"

[范译]

孔子说："人之交往，各取其朋。通过观察人的交往，就知道怎样分辨于仁了。"

[通译]

孔子说："人们的错误，总是与他那个集团的人所犯错误性质是一样的。所以，考察一个人所犯的错误，就可以知道他没有仁德了。"

**【原文】4·8**

子曰："朝闻道，夕死可矣。"

[范译]

孔子说："一朝得知了道理，改变过去也不迟。"

[通译]

孔子说："早晨得知了道，就是当天晚上死去也心甘。"

## 【原文】4·9

子曰："士志于道，而耻恶衣恶食者，未足与议也。"

[范译]

孔子说："士应该有志于道，但是有些人到了羞于吃不好穿不好的时候，才能够充分认识到这一点啊。"

[通译]

孔子说："士有志于（学习和实行圣人的）道理，但又以自己吃穿得不好为耻辱，对这种人，是不值得与他谈论道的。"

## 【原文】4·10

子曰："君子之于天下也，无适也，无莫也，义之与比。"

[范译]

孔子说："君子之所以能取之天下，在于无可无不可，总是与公道相伴。"

[通译]

孔子说："君子对于天下的人和事，没有固定的厚薄亲疏，只是按照义去做。"

## 【原文】4·11

子曰："君子怀德，小人怀土；君子怀刑，小人怀惠。"

[范译]

孔子说："君子怀念的是纳，小人怀念的是吐；君子怀念的是取法，小人怀念的是实惠。"

[通译]

孔子说："君子思念的是道德，小人思念的是乡土；君子想的是法制，小人想的是恩惠。"

## 【原文】4·12

子曰："放于利而行，多怨。"

[范译]

孔子说："放逐于利，毫不收敛而行，多半会得到抱怨。"

[通译]

孔子说："为追求利益而行动，就会招致更多的怨恨。"

**【原文】4·13**

子曰："能以礼让为国乎，何有？不能以礼让为国，如礼何？"

**[范译]**

孔子说："能够以礼让治理国家的话，有何不可？不能够以礼让治理国家，再好的礼又有何用？"

**[通译]**

孔子说："能够用礼让原则来治理国家，那还有什么困难呢？不能用礼让原则来治理国家，怎么能实行礼呢？"

**【原文】4·14**

子曰："不患无位，患所以立；不患莫己知，求为可知也。"

**[范译]**

孔子说："不要忧虑没有自己的位置，要忧虑适合以什么方式来站位。不要忧虑别人不认可自己做的事情，想方设法地去做好事情就会得到认可。"

**[通译]**

孔子说："不怕没有官位，就怕自己没有学到赖以站得住脚的东西。不怕没有人知道自己，只求自己成为有真才实学值得为人们知道的人。"

**【原文】4·15**

子曰："参乎，吾道一以贯之。"曾子曰："唯。"子出，门人问曰："何谓也？"曾子曰："夫子之道，忠恕而已矣。"

**[范译]**

孔子说："参啊，在我的思想体系中有一条精神是贯穿始终的。"曾子说："就是啊。"孔子出去之后，同学便问曾子："这话怎讲？"曾子说："老师的道，就是精辟地阐述了一个仁字而已。"

**[通译]**

孔子说："参啊，我讲的道是由一个基本的思想贯彻始终的。"曾子说："是。"孔子出去之后，同学便问曾子："这是什么意思？"曾子说："老师的道，就是忠恕罢了。"

**【原文】4·16**

子曰："君子喻于义，小人喻于利。"

| [范译] | [通译] |
|---|---|
| 孔子说："君子晓以大义，小人晓以利益。" | 孔子说："君子明白大义，小人只知道小利。" |

**【原文】4·17**

子曰："见贤思齐焉，见不贤而内自省也。"

| [范译] | [通译] |
|---|---|
| 孔子说："见到贤者，知道与之看齐；见到不贤者，就应该从中检查一下自我啊。" | 孔子说："见到贤人，就应该向他学习、看齐，见到不贤的人，就应该自我反省（自己有没有犯与他相类似的错误）。" |

**【原文】4·18**

子曰："事父母几谏，见志不从，又敬不违，劳而不怨。"

| [范译] | [通译] |
|---|---|
| 孔子说："侍奉父母不要藉以正事，意志不要转移，而且专心侍奉，不改以往，操劳而不抱怨。" | 孔子说："侍奉父母，（如果父母有不对的地方），要委婉地劝说他们。（自己的意见表达了，）见父母心里不愿听从，还是要对他们恭恭敬敬，并不违抗，替他们操劳而不怨恨。" |

**【原文】4·19**

子曰："父母在，不远游，游必有方。"

[范译]

孔子说："父母不能动了，就不能再任意出游了，出游一定要有充分的依据。"

[通译]

孔子说："父母在世，不远离家乡；如果不得已要出远门，也必须有一定的地方。"

【原文】4·20

子曰："三年无改于父之道，可谓孝矣。"

注：本章内容见于《学而篇》1·11，此处略。

【原文】4·21

子曰："父母之年，不可不知也。一则以喜，一则以惧。"

[范译]

孔子说："父母年迈之后，不可不加理会。一方面是因其长寿而高兴，另一方面是因其衰老而恐惧。"

[通译]

孔子说："父母的年纪，不可不知道并且常常记在心里。一方面为他们的长寿而高兴，一方面又为他们的衰老而恐惧。"

【原文】4·22

子曰："古者言之不出，耻躬之不逮也。"

[范译]

孔子说："古时候人们说的话是不过头，这是因为他们会耻于其行为有所不及。"

[通译]

孔子说："古代人不轻易把话说出口，因为他们以自己做不到为可耻啊。"

【原文】4·23

子曰："以约失之者鲜矣。"

[范译]

　　孔子说："有了礼的约束，放纵的现象就会很少出现了。"

[通译]

　　孔子说："用礼来约束自己，再犯错误的人就少了。"

【原文】4·24

　　子曰："君子欲讷于言而敏于行。"

[范译]

　　孔子说："君子追求的是说话谨慎而行为敏捷。"

[通译]

　　孔子说："君子说话要谨慎，而行动要敏捷。"

【原文】4·25

　　子曰："德不孤，必有邻。"

[范译]

　　孔子说："在道德上不离不弃，必然有人亲近。"

[通译]

　　孔子说："有道德的人是不会孤立的，一定会有思想一致的人与他相处。"

【原文】4·26

　　子游曰："事君数，斯辱矣；朋友数，斯疏矣。"

[范译]

　　子游说："侍奉君主而被数落，就等于耻辱；朋友交往而被数落，就会被疏远。"

[通译]

　　子游说："侍奉君主太过烦琐，就会受到侮辱；对待朋友太烦琐，就会被疏远了。"

# 公冶长篇

子谓公冶长："可妻也。虽在缧绁之中，非其罪也。"以其子妻之。

**[范译]**

孔子谈到公冶长时说："到了给他找个相伴的人的时候了啊，这个人即使被绑缚了，也不会罪加其身啊。（解脱罪名）"于是，孔子就把自己的后代许配给他。

**[通译]**

孔子评论公冶长说："可以把女儿嫁给他，他虽然被关在牢狱里，但这并不是他的罪过呀。"于是，孔子就把自己的女儿嫁给了他

子谓南容："邦有道，不废；邦无道，免于刑戮。"以其兄之子妻之。

**[范译]**

孔子评论南容说："天下有道，不会废掉；天下无道，免去刑戮。"于是将其侄女嫁给了南容。

**[通译]**

孔子评论南容说："国家有道时，他有官做；国家无道时，他也可以免去刑戮。"于是把自己的侄女嫁给了他。

## 【原文】5·3

子谓子贱："君子哉若人，鲁无君子者，斯焉取斯。"

[范译]

孔子评论子贱说："像这样的君子真的很少，鲁国不再有君子的话，那就以他为标准吧。"

[通译]

孔子评论子贱说："这个人真是个君子呀。如果鲁国没有君子的话，他是从哪里学到这种品德的呢？"

## 【原文】5·4

子贡问曰："赐也何如？"子曰："女，器也。"曰："何器也？"曰："瑚琏也。"

[范译]

子贡问孔子："端这样发展下去会是什么样？"孔子说："你啊，是个可造之才。"子贡又问："可造成什么样子呢？"孔子说："宗庙之器吧。"（机器与制造）

[通译]

子贡问孔子："我这个人怎么样？"孔子说："你呀，好比一个器具。"子贡又问："是什么器具呢？"孔子说："是瑚琏。"

## 【原文】5·5

或曰："雍也仁而不佞。"子曰："焉用佞？御人以口给，屡憎于人。不知其仁，焉用佞？"

[范译]

间或有人说："冉雍这个人有仁德但不善辩。"孔子说："为什么需要善辩？回人以口快，常常会恶语相加。不管其是否为仁，但是不需要用'佞'。"

[通译]

有人说："冉雍这个人有仁德但不善辩。"孔子说："何必要能言善辩呢？靠伶牙俐齿和人辩论，常常招致别人的讨厌，这样的人我不知道他是不是做到仁，但何必要能言善辩呢？"

## 【原文】5·6

子使漆雕开仕。对曰："吾斯之未能信。"子说。

**[范译]**

孔子让漆雕把作业打开检查一下。漆雕回答说："我如果信不足的话就把它撕掉。"孔子听了这番话，就知道了其性格。

**[通译]**

孔子让漆雕开去做官。漆雕开回答说："我对做官这件事还没有信心。"孔子听了很高兴。

## 【原文】5·7

子曰："道不行，乘桴浮于海，从我者，其由与！"子路闻之喜。子曰："由也好勇过我，无所取材。"

**[范译]**

孔子说："道不能行了，就会乘木筏在海上走。跟从我的话，也会与之一样，都会有出路的！（必由之路，由即子路也。路由器）"子路听到之后很高兴。孔子说："像由这样，好勇超过了我，但是还不知道适当地取用。[有勇无谋（取也）]"

**[通译]**

孔子说："如果我的主张行不通，我就乘上木筏子到海外去。能跟从我的大概只有仲由吧！"子路听到这话很高兴。孔子说："仲由啊，好勇超过了我，其他没有什么可取的才能。"

## 【原文】5·8

孟武伯问："子路仁乎？"子曰："不知也。"又问。子曰："由也，千乘之国，可使治其赋也，不知其仁也。""求也何如？"子曰："求也，千室之邑，百乘之家，可使为之宰也，不知其仁也。""赤也何如？"子曰："赤也，束带立于朝，可使与宾客言也，不知其仁也。"

**[范译]**

孟武伯问孔子："子路在仁的方面如何？"孔子说："你这个问题不好回答。"孟武伯又问。孔子说："仲由这个人，在一个千乘之国里，可以使其税赋治理得像样，不知这是否就是你说的仁。"孟武伯又问："冉求在仁的方面又如何？"孔子说："至于冉求，适合让他当一个千室之邑，百乘之家的总管，不知这是否就是你说的仁。"孟武伯又问："公西赤又怎么样呢？"孔子说："公西赤嘛，可以让他穿着礼服，站在朝廷上接待贵宾，我也不知这是否就是你说的这个仁。"

**[通译]**

孟武伯问孔子："子路做到了仁吧？"孔子说："我不知道。"孟武伯又问。孔子说："仲由嘛，在拥有一千辆兵车的国家里，可以让他管理军事，但我不知道他是不是做到了仁。"孟武伯又问："冉求这个人怎么样？"孔子说："冉求这个人，可以让他在一个有千户人家的公邑或有一百辆兵车的采邑里当总管，但我也不知道他是不是做到了仁。"孟武伯又问："公西赤又怎么样呢？"孔子说："公西赤嘛，可以让他穿着礼服，站在朝廷上，接待贵宾，我也不知道他是不是做到了仁。"

**【原文】5·9**

子谓子贡曰："女与回也孰愈？"对曰："赐也何敢望回？回也闻一以知十，赐也闻一以知二。"子曰："弗如也。吾与女弗如也。"

**[范译]**

孔子问子贡："你和颜回相比，有什么更好一些？"子贡回答说："像我这样怎能和颜回相比？颜回他是听到一件事情就可以上升到另外一个层面；我呢，知道一件事后只能做出相似的判断。"孔子说："不一定都是这样，我认为你不一定都是这样。"

**[通译]**

孔子对子贡说："你和颜回两个相比，谁更好一些呢？"子贡回答说："我怎么敢和颜回相比呢？颜回他听到一件事就可以推知十件事；我呢，知道一件事，只能推知两件事。"孔子说："是不如他呀，我同意你说的，是不如他。"

## 【原文】5·10

宰予昼寝，子曰："朽木不可雕也，粪土之墙不可圬也，于予与，何诛！"子曰："始吾于人也，听其言而信其行；今吾于人也，听其言而观其行。"于予与改是。

**[范译]**

宰予在学习的时间睡觉。孔子说："腐朽的木头是不适合雕琢的，粪土垒的墙壁是不适合粉刷的。如果宰予与之一样，何必谴责呢？"孔子又说："以前我对于人，是听了他讲的话便相信他的行为；现在我对于人，听了他讲的话还要观察他的行为。"于是宰予接受批评，改正了这个缺点。

**[通译]**

宰予白天睡觉。孔子说："腐朽的木头无法雕刻，粪土垒的墙壁无法粉刷。对于宰予这个人，责备还有什么用呢？"孔子说："起初我对于人，是听了他说的话便相信了他的行为；现在我对于人，听了他讲的话还要观察他的行为。在宰予这里我改变了观察人的方法。"

## 【原文】5·11

子曰："吾未见刚者。"或对曰："申枨。"子曰："枨也欲，焉得刚？"

**[范译]**

孔子说："我很难见到刚强的样子。"有人说："枨表现得可以啊。"孔子说："枨这个人欲望太强，怎么做得到刚强呢？"（无欲则刚）

**[通译]**

孔子说："我没有见过刚强的人。"有人回答说："申枨就是刚强的。"孔子说："申枨这个人欲望太多，怎么能刚强呢？"

## 【原文】5·12

子贡曰："我不欲人之加诸我也，吾亦欲无加诸人。"子曰："赐也，非尔所及也。"

[范译]

　　子贡说："我不希望别人往我身上添加善辩之辞，我也不想往别人身上添加善辩之辞。"孔子说："赐呀，这就不是你所能把握的。"

[通译]

　　子贡说："我不愿别人强加于我的事，我也不愿强加在别人身上。"孔子说："赐呀，这就不是你所能做到的了。"

## 【原文】5·13

　　子贡曰："夫子之文章，可得而闻也；夫子之言性与天道，不可得而闻也。"

[范译]

　　子贡说："老师的文采，是可以学得到和看得到的；但是老师的内心所言和高深道理，是不太可能得到和看到的啊。"

[通译]

　　子贡说："老师讲授的礼、乐、诗、书的知识，依靠耳闻是能够学到的；老师讲授的人性和天道的理论，依靠耳闻是不能够学到的。"

## 【原文】5·14

　　子路有闻，未之能行，唯恐有闻。

[范译]

　　子路有次去报告，却未能如愿成行，因此就特别怕再去报告什么了。

[通译]

　　(1)子路听到某一道理，在还没实行的时候，唯恐又听到另一道理。

　　(2)子路在听到一条道理但没有能亲自实行的时候，唯恐又听到新的道理。

## 【原文】5·15

　　子贡问曰："孔文子何以谓之'文'也？"子曰："敏而好学，不耻下问，是以谓之'文'也。"

[范译]

　　子贡问道："孔文子凭什么谈得上'文'呢？"孔子说："聪敏而好学，不耻于向下面的人请教，于是就有了这个'文'的称谓。"

[通译]

　　子贡问道："为什么给孔文子一个'文'的谥号呢？"孔子说："他聪敏勤勉而好学，不以向他地位卑下的人请教为耻，所以给他谥号叫'文'。"

## 【原文】5·16

　　子谓子产有君子之道四焉："其行己也恭，其事上也敬，其养民也惠，其使民也义。"

[范译]

　　孔子称子产具有君子的四种美德："其行为举止讲谦恭，其侍奉君主讲敬谨，其养护百姓讲恩惠，其使唤百姓讲公道。"

[通译]

　　孔子评论子产说：他有君子的四种道德："他自己行为庄重，他侍奉君主恭敬，他养护百姓有恩惠，他役使百姓有法度。"

## 【原文】5·17

　　子曰："晏平仲善与人交，久而敬之。"

[范译]

　　孔子说："晏平仲善于与人结交，不仅能长久地保持交往而且会赢得别人的尊重。"

[通译]

　　孔子说："晏平仲善于同别人交往，相处愈久，别人愈尊敬他。"

## 【原文】5·18

　　子曰："臧文仲居蔡，山节藻棁，何如其知也？"

**[范译]**

孔子说："臧文仲藏龟，藏龟之室的斗拱雕成山的形状，短柱上面画以水草花纹，这也是有知识的样子？"

**[通译]**

孔子说："臧文仲藏了一只大龟，藏龟的屋子斗拱雕成山的形状，短柱上画以水草花纹，他这个人怎么能算是有智慧呢？"

## 【原文】5·19

子张问曰："令尹子文三仕为令尹，无喜色；三已之，无愠色。旧令尹之政，必以告新令尹。何如？"子曰："忠矣。"曰："仁矣乎？"曰："未知。焉得仁？""崔子弑齐君，陈文子有马十乘，弃而违之，至于他邦，则曰：'犹吾大夫崔子也。'违之。之一邦，则又曰：'犹吾大夫崔子也。'违之，何如？"子曰："清矣。"曰："仁矣乎？"曰："未知，焉得仁？"

**[范译]**

子张问孔子说："令尹子文重复几次做宰相，毫无喜色；几次被免职，毫无怨色。每次都一定会把旧政全部告诉给接任的新宰相。这样做如何？"孔子说："算得上是尽忠了。"子张问："尽仁谈不上吗？"孔子说："连当官都难，怎么能说其得仁呢？""崔杼杀了他的君主齐庄公，陈文子家有马车十乘，都舍弃不要了，离开了齐国。到了另一个国家，他说，这里的执政者也和我们齐国的大夫崔子差不多，就离开了。再到了一个国家，又说，这里的执政者也和我们的大夫崔子差不多，又离开了。这个人你看怎么样？"孔子说："可以算得上精了。"

**[通译]**

子张问孔子说："令尹子文几次做楚国宰相，没有显出高兴的样子，几次被免职，也没有显出怨恨的样子。（他每一次被免职）一定把自己的一切政事全部告诉给来接任的新宰相。你看这个人怎么样？"孔子说："可算得是忠了。"子张问："算得上仁了吗？"孔子说："不知道。这怎么能算得仁呢？"（子张又问：）"崔杼杀了他的君主齐庄公，陈文子家有四十匹马，都舍弃不要了，离开了齐国，到了另一个国家，他说，这里的执政者也和我们齐国的大夫崔子差不多，就离开了。到了另一个国家，又说，这里的执政者也和我们的大夫崔子差

子张说："可说是仁了吗？"孔子说："待下都很难，怎么能显示其仁呢？"

不多，又离开了。这个人你看怎么样？"孔子说："可算得上清高了。"子张说："可说是仁了吗？"孔子说："不知道。这怎么能算得仁呢？"

## 【原文】5·20

季文子三思而后行。子闻之，曰："再，斯可矣。"

[范译]

季文子遇事总是思考成形之后再行动。孔子听到了，说："照此做的话，什么事情都好办了。"

[通译]

季文子每做一件事都要考虑多次。孔子听到了，说："考虑两次也就行了。"

## 【原文】5·21

子曰："宁武子，邦有道则知，邦无道则愚，其知可及也，其愚不可及也。"

[范译]

孔子说："宁武子，国家有道则发挥聪明才智，国家无道则一言不发（若愚）。其聪明才智可以做到，其一言不发就可能做不到了。"

[通译]

孔子说："宁武子这个人，当国家有道时，他就显得聪明，当国家无道时，他就装傻。他的那种聪明别人可以做得到，他的那种装傻别人就做不到了。

## 【原文】5·22

子在陈曰："归与！归与！吾党之小子狂简，斐然成章，不知所以裁之。"

[范译]

孔子在旅途中说："要兴起啊！要振作啊！我们有些学生还真有一点不切实际啊，文章写得是那么的神采飞扬，但却不知道如何在实际中去体验。"

[通译]

孔子在陈国说："回去吧！回去吧！家乡的学生有远大志向，但行为粗率简单；有文采但还不知道怎样来节制自己。"

**【原文】5·23**

子曰:"伯夷、叔齐不念旧恶,怨是用希。"

**[范译]**

孔子说:"伯夷、叔齐两人不记恨过去,因此,很少去抱怨。"

**[通译]**

孔子说:"伯夷、叔齐两个人不记人家过去的仇恨,(别人对他们的)怨恨因此也就少了。"

**【原文】5·24**

子曰:"孰谓微生高直?或乞醯焉,乞诸其邻而与之。"

**[范译]**

孔子说:"有什么可以评价微生这个人过于耿直呢?有人到他那讨点醋,他没有,就想办法向邻里讨了点给那人。"

**[通译]**

孔子说:"谁说微生高这个人直率?有人向他讨点醋,他(不直说没有,却暗地)到他邻居家里讨了点给人家。"

**【原文】5·25**

子曰:"巧言,令色,足恭,左丘明耻之,丘亦耻之。匿怨而友其人,左丘明耻之,丘亦耻之。"

**[范译]**

孔子说:"花言巧语,奴颜婢膝,左丘明认为这样做可耻,我也认为可耻。心藏怨恨却与人结友,左丘明认为这样做可耻,我也认为可耻。"

**[通译]**

孔子说:"花言巧语,装出好看的脸色,摆出逢迎的姿势,低三下四的过分恭敬,左丘明认为这种人可耻,我也认为可耻。把怨恨装在心里,表面上却装出友好的样子,左丘明认为这种人可耻,我也认为可耻。"

## 【原文】5·26

颜渊、季路侍。子曰:"盍各言尔志?"子路曰:"愿车马衣裘,与朋友共,敝之而无憾。"颜渊曰:"愿无伐善,无施劳。"子路曰:"愿闻子之志。"子曰:"老者安之,朋友信之,少者怀之。"

**[范译]**

颜渊、子路两人侍座。孔子说:"你们何不各自谈谈自己的志向?"子路说:"登车马、衣貂裘,与朋友共享,弃之也无憾。"颜渊说:"我愿意不张扬自己的长处,不比较他人的功劳。"子路说:"愿意听听老师您的志向。"孔子说:"老有之时保持安定,同道之时保持信任,少有之时保持怀藏。"

**[通译]**

颜渊、子路两人侍立在孔子身边。孔子说:"你们何不各自说说自己的志向?"子路说:"愿意拿出自己的车马、衣服、皮袍,同我的朋友共同使用,用坏了也不抱怨。"颜渊说:"我愿意不夸耀自己的长处,不表白自己的功劳。"子路向孔子说:"愿意听听您的志向。"孔子说:"(我的志向是)让年老的安心,让朋友们信任我,让年轻的子弟们得到关怀。"

## 【原文】5·27

子曰:"已矣乎!吾未见能见其过而内自讼者也。"

**[范译]**

孔子说:"已经到了现在啊!我还是难以见到有谁能将自己的过去公开展现出来,并且发自内心的让人进行公诉的现象发生。"

**[通译]**

孔子说:"完了,我还没有看见过能够看到自己的错误而又能从内心责备自己的人。"

## 【原文】5·28

子曰:"十室之邑,必有忠信如丘者焉,不如丘之好学也。"

**[范译]**

孔子说："即使最小的村子里，一定有像我这样讲忠信的人，只是不如我这样好学罢了。"

**[通译]**

孔子说："即使只有十户人家的小村子，也一定有像我这样讲忠信的人，只是不如我那样好学罢了。"

# 雍也篇

子曰："雍也可使南面。"

[范译]

孔子说："冉雍这个人，可以出使外交。"

[通译]

孔子说："冉雍这个人，可以让他去做官。"

---

仲弓问子桑伯子。子曰："可也，简。"仲弓曰："居敬而行简，以临其民，不亦可乎？居简而行简，无乃大简乎？"子曰："雍之言然。"

[范译]

仲弓问子桑伯子这个人怎么样。孔子说："此人还可以，简明于事。"仲弓说："心存敬畏而行事简明，以此来面对百姓，这就是老师说的'可'吗？内心简明而行事简明，莫非是太简明了吗？"孔子说："冉雍，这话你说得对。"

[通译]

仲弓问孔子：子桑伯子这个人怎么样。孔子说："此人还可以，办事简要而不烦琐。""仲弓说：'以严肃认真的态度，简明扼要、干净利落的（行事）方式，来（为百姓）处理政务，不是可以的吗？而以轻慢草率的态度（或以只求简单、少找麻烦的态度）来简单随便的处理

047

政务，不是太简单（太不负责任）了吗？'。"孔子说："冉雍，这话你说得对。"

## 【原文】6·3

哀公问："弟子孰为好学？"孔子对曰："有颜回者好学，不迁怒，不贰过，不幸短命死矣。今也则亡，未闻好学者也。"

**[范译]**

鲁哀公问："学生中谁最好学啊？"孔子回答说："有一个叫颜回的表现得很好学，他既不迁强于人，也不与人辩讼；也从不心疑不一，游离于两端。不幸短命死了。现在没有这样优秀的了，到现在还没有听说谁像颜回那样好学的。"

**[通译]**

鲁哀公问孔子："你的学生中谁是最好学的呢？"孔子回答说："有一个叫颜回的学生好学，他从不迁怒于别人，也从不重犯同样的过错。不幸短命死了。现在没有那样的人了，没有听说谁是好学的。"

## 【原文】6·4

子华使于齐，冉子为其母请粟。子曰："与之釜。"请益。曰："与之庾。"冉子与之粟五秉。子曰："赤之适齐也，乘肥马，衣轻裘。吾闻之也，君子周急不济富。"

**[范译]**

子华出使齐国，冉求替他的母亲向孔子请求补助一些谷米。孔子说："用釜量一些。"冉求请求再增加一些。孔子说："用庾量一些。"冉求就给了粟五秉。孔子说："公西赤到齐国去，乘坐着肥马驾的车子，穿着又暖和又轻便的皮袍。我听说过，君子只周济急需救济的人，而不是接济富有的人。"

**[通译]**

子华出使齐国，冉求替他的母亲向孔子请求补助一些谷米。孔子说："给他六斗四升。"冉求请求再增加一些。孔子说："再给他二斗四升。"冉求却给他八十斛。孔子说："公西赤到齐国去，乘坐着肥马驾的车子，穿着又暖和又轻便的皮袍。我听说过，君子只是周济急需救济的人，而不是周济富人的人。"

## 【原文】6·5

原思为之宰，与之粟九百，辞。子曰："毋！以与尔邻里乡党乎！"

[范译]

原思给孔子家当总管，孔子给他很多俸米，原思推辞。孔子说："不要推辞。你可以把它给你的乡亲们吧。"

[范译]

原思给孔子家当总管，孔子给他很多俸米，原思推辞。孔子说："不要推辞。你可以把它给你的乡亲们吧。"

## 【原文】6·6

子谓仲弓，曰："犁牛之子骍且角。虽欲勿用，山川其舍诸？"

[范译]

孔子与其他人说到仲弓："耕牛产下的牛犊毛色纯正，犄角端正。即使想作一般的用途，你舍得让他去耕治山川吗？"

[通译]

孔子在评论仲弓的时候说："耕牛产下的牛犊长着红色的毛，角也长得整齐端正，人们虽想不用它作祭品，但山川之神难道会舍弃它吗？"

## 【原文】6·7

子曰："回也其心三月不违仁，其余则日月至焉而已矣。"

[范译]

孔子说："如果以颜回这个人为基本的标准，累月不违背于仁的话，其余的则只能在日月之间而已。"

[通译]

孔子说："颜回这个人，他的心可以在长时间内不离开仁德，其余的学生则只能在短时间内做到仁而已。"

## 【原文】6·8

季康子问："仲由可使从政也与？"子曰："由也果，于从政乎何有？"曰："赐也可使从政也与？"曰："赐也达，于从政乎何有？"曰："求也可使从政也与？"曰："求也艺，于从政乎何有？"

**[范译]**

季康子问孔子:"仲由在从政方面有什么可使之处啊?"孔子说:"仲由这个人做事果断,对于从政来说有什么不可呢?"季康子又问:"赐在从政方面有什么可使之处啊?"孔子说:"赐这个人做事贤达,对于从政来说有什么不可呢?"又问:"冉求在从政方面有什么可使之处啊?"孔子说:"冉求这个人做事有原则而且能发挥,对于从政来说有什么不可呢?"

**[通译]**

季康子问孔子:"仲由这个人,可以让他管理国家政事吗?"孔子说:"仲由做事果断,对于管理国家政事有什么困难呢?"季康子又问:"端木赐这个人,可以让他管理国家政事吗?"孔子说:"端木赐通达事理,对于管理政事有什么困难呢?"又问:"冉求这个人,可以让他管理国家政事吗?"孔子说:"冉求有才能,对于管理国家政事有什么困难呢?"

## 【原文】6·9

季氏使闵子骞为费宰。闵子骞曰:"善为我辞焉!如有复我者,则吾必在汶上矣。"

**[范译]**

季氏指派闵子骞去做费邑的家宰。闵子骞说:"这次幸好被我推辞了啊!假如再这样的话,那么我一定在去往齐国的路上了。"

**[通译]**

季氏派人请闵子骞去做费邑的长官,闵子骞(对来请他的人)说:"请你好好替我推辞吧!如果再来召我,那我一定跑到汶水那边去了。"

## 【原文】6·10

伯牛有疾,子问之,自牖执其手,曰:"亡之,命矣夫!斯人也而有斯疾也!斯人也而有斯疾也!"

[范译]

伯牛病重，孔子前去问候，握着他的手亲切地开导他，说："死这事，都是天命！你这样的人啊才能得这样的病啊，你这样的人啊才能够得这样的病啊！"

[通译]

伯牛病了，孔子前去探望他，从窗户外面握着他的手说："丧失了这个人，这是命里注定的吧！这样的人竟会得这样的病啊，这样的人竟会得这样的病啊！"

## 【原文】6·11

子曰："贤哉，回也！一箪食，一瓢饮，在陋巷。人不堪其忧，回也不改其乐。贤哉，回也！"

[范译]

孔子说："如此有贤德啊，颜回！一箪饭，一瓢水，住在简陋的小巷里。别人都不堪于此而忧愁，颜回却依然其乐融融。颜回的贤德就在于此啊！"

[通译]

孔子说："颜回的品质是多么高尚啊！一箪饭，一瓢水，住在简陋的小屋里，别人都忍受不了这种穷困清苦，颜回却没有改变他好学的乐趣。颜回的品质是多么高尚啊！"

## 【原文】6·12

冉求曰："非不说子之道，力不足也。"子曰："力不足者，中道而废。今女画。"

[范译]

冉求说："不是没有说出老师所讲的道理，只是尽力不足啊。"孔子说："尽力不足的结果，就是半道而废，你就会停止在当今而不前。"

[通译]

冉求说："我不是不喜欢老师您所讲的道，而是我的能力不够呀。"孔子说："能力不够是到半路才停下来，现在你是自己给自己划了界限不想前进。"

## 【原文】6·13

子谓子夏曰:"女为君子儒,无为小人儒。"

[范译]

孔子告诉子夏说:"你要为君子所信服,不需要为小人所信服。"

[通译]

孔子对子夏说:"你要做君子儒,不要做小人儒。"

## 【原文】6·14

子游为武城宰。子曰:"女得人焉耳乎?"曰:"有澹台灭明者,行不由径,非公事,未尝至于偃之室也。"

[范译]

子游做了武城的长官。孔子说:"你在这里得到了什么人才没有?"子游说:"有一个像澹台灭明那样的,做事从不搞歪门邪道,不是公事,是难以亲自到我家里来的。"

[通译]

子游做了武城的长官。孔子说:"你在那里是到了人才没有?"。子游回答说:"有一个叫澹台灭明的人,从来不走邪路,没有公事从不到我屋子里来。"

## 【原文】6·15

子曰:"孟之反不伐。奔而殿,将入门,策其马,曰:'非敢后也,马不进也。'

[范译]

孔子说:"孟之反不喜欢夸耀自己。逃跑的时候他殿后,快进城门的时候,鞭打自己的马,说:'不是我逞能在后面啊,是马前进不了啊。'"

[通译]

孔子说:"孟之反不喜欢夸耀自己。败退的时候,他留在最后掩护全军。快进城门的时候,他鞭打着自己的马说,'不是我敢于殿后,是马跑得不快。'"

## 【原文】6·16

子曰:"不有祝鮀之佞,而有宋朝之美,难乎免于今之世矣。"

[范译]

孔子说："没有祝鮀那样的佞，就有宋朝那样的美，这在当今之世是很难免除了。"

[通译]

孔子说："如果没有祝鮀那样的口才，（就要）有宋朝那样的美貌，（如果这两样都没有）那在今天的社会上处世立足就比较艰难了。"

## 【原文】6·17

子曰："谁能出不由户？何莫由斯道也？"

[范译]

孔子说："谁能不经由门户而出？难道还有什么不由此道吗？"

[通译]

孔子说："谁能不经过屋门而走出去呢？为什么没有人走（我所指出的）这条道路呢？"

## 【原文】6·18

子曰："质胜文则野，文胜质则史。文质彬彬，然后君子。"

[范译]

孔子说："本质胜过文饰，就会粗野；文饰胜过本质，就会呆板。只有本质和文饰相间，恰如其分之后，才是君子之相。"

[通译]

孔子说："质朴多于文采，就像个乡下人，流于粗俗；文采多于质朴，就流于虚伪、浮夸。只有质朴和文采配合恰当，才是个君子。"

## 【原文】6·19

子曰："人之生也直，罔之生也幸而免。"

[范译]

孔子说："人的一生就是在不断地修正自己，置其一生的话就会幸免于事。"

[通译]

孔子说："一个人的生存是由于正直，而不正直的人也能生存，那只他侥幸地避免了灾祸。"

## 【原文】6·20

子曰："知之者不如好之者，好之者不如乐之者。"

[范译]

孔子说："说之于仁的不如好之于仁的，好之于仁的不如乐之于仁的。"

[通译]

孔子说："懂得它的人，不如爱好它的人；爱好它的人，又不如以它为乐的人。"

## 【原文】6·21

子曰："中人以上，可以语上也；中人以下，不可以语上也。"

[范译]

孔子说："对于上层，可以讲一些大道理；对于下层，就不适合讲那些大道理了。"

[通译]

孔子说："具有中等以上才智的人，可以给他讲授高深的学问，在中等水平以下的人，不可以给他讲高深的学问。"

## 【原文】6·22

樊迟问知，子曰："务民之义，敬鬼神而远之，可谓知矣。"问仁，曰："仁者先难而后获，可谓仁矣。"

[范译]

樊迟问于智，孔子说："追求民众之要义；崇尚圣贤之精神，就可以说是智了。"樊迟又问于仁，孔子说："仁的表现是先推却而后获得，这就可以说是仁了。"

[通译]

樊迟问孔子怎样才算是智，孔子说："专心致力于（提倡）老百姓应该遵从的道德，尊敬鬼神但要远离它，就可以说是智了。"樊迟又问怎样才是仁，孔子说："仁人对难做的事，做在人前面，有收获的结果，他得在人后，这可以说是仁了。"

## 【原文】6·23

子曰:"知者乐水,仁者乐山;知者动,仁者静;知者乐,仁者寿。"

[范译]

孔子说:"智的表现是以水为乐,仁的表现以山为乐;智的表现是波动的,仁的表现是静止的;智的表现是快乐,仁的表现是恒久。"

[通译]

孔子说:"聪明人喜爱水,有仁德者喜爱山;聪明人活动,仁德者沉静。聪明人快乐,有仁德者长寿。"

## 【原文】6·24

子曰:"齐一变,至于鲁;鲁一变,至于道。"

[范译]

孔子说:"齐国改变一下,就接近于鲁国了;鲁国改变一下,就接近于王道了。"

[通译]

孔子说:"齐国一改变,可以达到鲁国这个样子;鲁国一改变,就可以达到先王之道了。"

## 【原文】6·25

子曰:"觚不觚,觚哉!觚哉!"

[范译]

孔子说:"觚不觚(沽不沽),觚(沽)啊!觚(沽)啊!

[通译]

孔子说:"觚不像个觚了,这也算是觚吗?这也算是觚吗?"

## 【原文】6·26

宰我问曰:"仁者虽告之曰井有仁焉,其从之也?"子曰:"何为其然也?君子可逝也,不可陷也;可欺也,不可罔也。"

**[范译]**

宰我问道："假如有人将井里有仁说成是仁的话，就随其而往吗？"孔子说："怎样做才合适呢？君子可以前往，但是不可以冒失；可以被欺骗，但是不可以置若罔闻。"

**[通译]**

宰我问道："对于有仁德的人，别人告诉他井里掉下去一位仁人啦，他会跟着下去吗？"孔子说："为什么要这样做呢？君子可以到井边去救，却不可以陷入井中；君子可能被欺骗，但不可能被迷惑。"

---

## 【原文】6·27

子曰："君子博学于文，约之以礼，亦可以弗畔矣夫。"

**[范译]**

孔子说："君子要尽力学习文化，以礼来约束自己，这就可以不违背所有的道义了。"

**[通译]**

孔子说："君子广泛地学习古代的文化典籍，又以礼来约束自己，也就可以不离经叛道了。"

---

## 【原文】6·28

子见南子，子路不说。夫子矢之曰："予所否者，天厌之！天厌之！"

**[范译]**

孔子去见南子，子路想不通。孔子马上就对这件事进行解说："我要是再不去见她一下的话，老天就看不下去了啊！老天也就烦了啊！"（子见南子乃冒天下之大不韪也）

**[通译]**

孔子去见南子，子路不高兴。孔子发誓说："如果我做什么不正当的事，让上天谴责我吧！让上天谴责我吧！"

---

## 【原文】6·29

子曰："中庸之为德也，其至矣乎！民鲜久矣。"

**[范译]**

孔子说："中庸作为品行来说，它是最好的了！百姓中缺失已久了啊。"

**[通译]**

孔子说："中庸作为一种道德，该是最高的了吧！人们缺少这种道德已经为时很久了。"

## 【原文】6·30

子贡曰："如有博施于民而能济众，何如？可谓仁乎？"子曰："何事于仁？必也圣乎！尧舜其犹病诸。夫仁者，己欲立而立人，己欲达而达人。能近取譬，可谓仁之方也已。"

**[范译]**

子贡说："假如能尽力施舍于民，并且能救济大众，就算可以了吧？可以称为仁吗？"孔子说："什么事能称为仁？其结果一定要通达！连尧舜都还担心有治理不到的地方。但凡仁的表现，就是自己想生存，也要让别人生存；自己想通达，也要让别人通达。能设身处地取譬，才可称得上是评价仁的最好方法。"

**[通译]**

子贡说："假若有一个人，他能给老百姓很多好处又能周济大众，怎么样？可以算是仁人了吗？"孔子说："岂止是仁人，简直是圣人了！就连尧、舜尚都难以做到呢。至于仁人，就是要想自己站得住，也要帮助人家一同站得住；要想自己过得好，也要帮助人家一同过得好。凡事能就近以自己作比，而推己及人，可以说就是实行仁的方法了。"

# 述 而 篇

子曰：“述而不作，信而好古，窃比于我老彭。”

[范译]

孔子说：“展开而不创作；表白而好古典，一些人私下把我比作老彭（古董）。”

[通译]

孔子说：“只阐述而不创作，相信而且喜好古代的东西，我私下把自己比作老彭。”

子曰：“默而识之，学而不厌，诲人不倦，何有于我哉？”

[范译]

孔子说：“不清楚就去认识，学习总不满足，教人从不疲倦，对于我来说不就如此吗？”

[通译]

孔子说：“默默地记住（所学的知识），学习不觉得厌烦，教人不知道疲倦，这对我能有什么困难呢？”

## 【原文】7·3

子曰："德之不修，学之不讲，闻义不能徙，不善不能改，是吾忧也。"

**[范译]**

孔子说："品德不去修养，学问不去讲习，听了道义不能跟进，有了缺点不能改正，这些都是我所忧虑的啊。"

**[通译]**

孔子说："（许多人）对品德不去修养，学问不去讲求，听到义不能去做，有了不善的事不能改正，这些都是我所忧虑的事情。"

## 【原文】7·4

子之燕居，申申如也；夭夭如也。

**[范译]**

孔子能闲适以居，申有申之相，屈有屈之相。（能屈能伸）

**[通译]**

孔子闲居在家里的时候，衣冠楚楚，仪态温和舒畅，悠闲自在。

## 【原文】7·5

子曰："甚矣吾衰也！久矣吾不复梦见周公。"

**[范译]**

孔子说："我怎么衰落成这样了啊，好久我都没有再梦见周公了。"

**[通译]**

孔子说："我衰老得很厉害了，我好久没有梦见周公了。"

## 【原文】7·6

子曰："志于道，据于德，依于仁，游于艺。"

**[范译]**

孔子说："专志于道，根据于德，服从于仁，从容于艺。"

**[通译]**

孔子说："以道为志向，以德为根据，以仁为凭借，活动于（礼、乐等）六艺的范围之中。"

## 【原文】7·7

子曰："自行束修以上，吾未尝无诲焉。"

**[范译]**

孔子说："自己去整理和归纳，以求上进，我是难以保证什么都教到啊！"

**[通译]**

孔子说："只要自愿拿着十余干肉为礼来见我的人，我从来没有不给他教诲的。"

## 【原文】7·8

子曰："不愤不启，不悱不发。举一隅不以三隅反，则不复也。"

**[范译]**

孔子说："不到他想弄明白而明白不了的时候，不去开导他；不到他想说出来却说不出来的时候，不去启发他。一个观点提出来之后，不能从其他的角度加以类推，那么就没有必要再提了。"

**[通译]**

孔子说："教导学生，不到他想弄明白而不得的时候，不去开导他；不到他想出来却说不出来的时候，不去启发他。教给他一个方面的东西，他却不能由此而推知其他三个方面的东西，那就不再教他了。"

## 【原文】7·9

子食于有丧者之侧，未尝饱也。

**[范译]**

孔子吃饭的时候有时会陷入长久的思考之中，在这种状态下是难以饱食的。

**[通译]**

孔子在有丧事的人旁边吃饭，不曾吃饱过。

## 【原文】7·10

子于是日哭，则不歌。

[范译]

孔子要是在当日哭过，就不会放声说话。

[通译]

孔子在这一天为吊丧而哭泣，就不再唱歌。

## 【原文】7·11

子谓颜渊曰："用之则行，舍之则藏，惟我与尔有是夫！"子路曰："子行三军，则谁与？"子曰："暴虎冯河，死而无悔者，吾不与也。必也临事而惧，好谋而成者也。"

[范译]

孔子对颜渊说："用之则适行；不用则蓄藏。在所有的学生中只有你能做到这一点。"子路问孔子说："老师您如果统帅三军，那么谁能与从呢？"孔子说："赤手空拳和老虎搏斗，徒手去涉水过河，至死都不悔悟的人，我是不会和他在一起共事的。一定是遇事小心谨慎，善于谋划而能完成任务的人。"

[通译]

孔子对颜渊说："用我呢，我就去干；不用我，我就隐藏起来，只有我和你才能做到这样吧！"子路问孔子说："老师您如果统帅三军，那么您和谁在一起共事呢？"孔子说："赤手空拳和老虎搏斗，徒步涉水过河，死了都不会后悔的人，我是不会和他在一起共事的。我要找的，一定要是遇事小心谨慎、善于谋划而能完成任务的人。"

## 【原文】7·12

子曰："富而可求也，虽执鞭之士，吾亦为之。如不可求，从吾所好。"

[范译]

孔子说："假如福分可以追求的话，哪怕是做个手拿马鞭、为人驾驭的人，我也愿意去做。如果不可求，我还是干自己喜欢的事。"

[通译]

孔子说："如果富贵合乎于道就可以去追求，虽然是给人执鞭的下等差事，我也愿意去做。如果富贵不合于道就不必去追求，那就还是按我的爱好去干事。"

## 【原文】7·13

子之所慎：齐、战、疾。

[范译]

孔子所警惕是杀戮、战争和疾病。

[通译]

孔子所谨慎小心对待的是斋戒、战争和疾病这三件事。

## 【原文】7·14

子在齐闻《韶》，三月不知肉味。曰："不图为乐之至于斯也。"

[范译]

孔子在齐国听到了《韶》乐以后，很长时间都没有理会肉味。他说："没想到听了一个音乐之后竟然达到了这样的境界。"

[通译]

孔子在齐国听到了《韶》乐，有很长时间尝不出肉的滋味，他说："想不到《韶》乐的美达到了这样迷人的地步。"

## 【原文】7·15

冉有曰："夫子为卫君乎？"子贡曰："诺，吾将问之。"入，曰："伯夷、叔齐何人也？"曰："古之贤人也。"曰："怨乎？"曰："求仁而得仁，又何怨。"出，曰："夫子不为也。"

[范译]

冉有问："老师要去征君吗？"子贡说："噢，我马上去问老师。"于是就进去问孔子："伯夷、叔齐是什么样的人啊？"孔子说："算是古代的贤人。"子贡又问："有什么抱怨吗？"孔子说："他们追求仁并得到了仁，从何而怨。"子贡出来对冉有说："老师不会像你说的那样去做。"

[通译]

冉有（问子贡）说："老师会帮助卫国的国君吗？"子贡说："嗯，我去问他。"于是就进去问孔子："伯夷、叔齐是什么样的人呢？"（孔子）说："古代的贤人。"（子贡又）问："他们有怨恨吗？"（孔子）说："他们求仁而得到了仁，为什么又怨恨呢？"（子贡）出来（对冉有）说："老师不会帮助卫君。"

**【原文】7·16**

子曰："饭疏食，饮水，曲肱而枕之，乐亦在其中矣。不义而富且贵，于我如浮云。"

[ 范译 ]

孔子说："以饭代食，喝白水，弯着胳膊当枕头，其中也有乐趣。不讲道义的富与贵，对于我来说就像是天上飘浮的云彩一样。"

[ 通译 ]

孔子说："吃粗粮，喝白水，弯着胳膊当枕头，乐趣也就在这中间了。用不正当的手段得来的富贵，对于我来讲就像是天上的浮云一样。"

**【原文】7·17**

子曰："加我数年，五十以学《易》，可以无大过矣。"

[ 范译 ]

孔子说："重新给我几年，五十岁就开始学《周易》，也许就不会那么过于计较了。"

[ 通译 ]

孔子说："再给我几年时间，到五十岁学习《易》，我便可以没有大的过错了。"

**【原文】7·18**

子所雅言，《诗》、《尚书》、执礼，皆雅言也。

[ 范译 ]

孔子在适当的时候也讲雅言，《诗》、《尚书》、礼赞，皆运用的是雅言。

[ 通译 ]

孔子有时讲雅言，读《诗》、念《书》、赞礼时，用的都是雅言。

**【原文】7·19**

叶公问孔子于子路，子路不对。子曰："女奚不曰：其为人也，发愤忘食，乐以忘忧，不知老之将至云尔。"

**[范译]**

叶公向子路问孔子是个什么样的人，子路没有回答。孔子说："你为什么不说：他这个人发愤之时连吃饭都忘了，快乐之时把一切忧虑都忘了，连自己快要老了都知道，如此而已。"

**[通译]**

叶公向子路问孔子是个什么样的人，子路不答。孔子（对子路）说："你为什么不样说，他这个人，发愤用功，连吃饭都忘了，快乐得把一切忧虑都忘了，连自己快要老了都不知道，如此而已。"

## 【原文】7·20

子曰："我非生而知之者，好古，敏以求之者也。"

**[范译]**

孔子说："我不是生来就知道仁为何样的，而是好以古为鉴，以勤奋和智慧去追求才知道仁为这样的。"

**[通译]**

孔子说："我不是生来就有知识的人，而是爱好古代的东西，勤奋敏捷地去求得知识的人。"

## 【原文】7·21

子不语怪、力、乱、神。

**[范译]**

孔子不以自己如何奇异、治事有功、善于治理和礼数非凡来语人。

**[通译]**

孔子不谈论怪异、暴力、变乱、鬼神。

## 【原文】7·22

子曰："三人行，必有我师焉。择其善者而从之，其不善者而改之。"

**[范译]**

孔子说："三个人的道理，必然有我可取之处。选择其长处而从之，有什么不当的地方而改之。"

**[通译]**

孔子说："三个人一起走路，其中必定有人可以作我的老师。我选择他善的品德向他学习，看到他不善的地方就作为借鉴，改掉自己的缺点。"

## 【原文】7·23

子曰："天生德于予，桓魋其如予何？"

[范译]

孔子说："上天把福气赐予了我，桓魋能把我怎么样？"

[通译]

孔子说："上天把德赋予了我，桓魋能把我怎么样？"

## 【原文】7·24

子曰："二三子以我为隐乎？吾无隐乎尔。吾无行而不与二三子者，是丘也。"

[范译]

孔子说："有些学生以为我隐瞒了什么吗？我不需要对你们隐瞒。在没有搞清楚道理之前我是不会给你们讲什么的，这才是我孔丘啊。"

[通译]

孔子说："学生们，你们以为我对你们有什么隐瞒的吗？我是丝毫没有隐瞒的。我没有什么事不是和你们一起干的。我孔丘就是这样的人。"

## 【原文】7·25

子以四教：文、行、忠、信。

[范译]

孔子以周文、德行、忠恕、信达来教导学生。

[通译]

孔子以文、行、忠、信四项内容教授学生。

## 【原文】7·26

子曰："圣人，吾不得而见之矣，得见君子者，斯可矣。"子曰："善人吾不得而见之矣！得见有恒者，斯可矣。亡而为有，虚而为盈，约而为泰，难乎有恒矣。"

[范译]

孔子说："圣人我是不能够看

[通译]

孔子说："圣人我是不可能看

到了，能见到君子的话，就可以了。"
孔子又说："善人我也不可能看到了，能见到有恒的话，也就可以了。不在却装作存在，空虚却装作实在，贫穷却装作富足，这些都是难以长久保持下去的。"

到了，能看到君子，这就可以了。"
孔子又说："善人我不可能看到了，能见到始终如一（保持好的品德的）人，这也就可以了。没有却装作有，空虚却装作充实，穷困却装作富足，这样的人是难于有恒心（保持好的品德）的。"

## 【原文】7·27

子钓而不纲，弋不射宿。

[范译]

孔子虽欲有所取，但绝不会为了达到目的而不择手段；虽欲有所得，但不一定非要实现自己的愿望。（沽名钓誉）

[通译]

孔子只用（有一个鱼钩）的钓竿钓鱼，而不用（有许多鱼钩的）大绳钓鱼。只射飞鸟，不射巢中歇宿的鸟。

## 【原文】7·28

子曰："盖有不知而作之者，我无是也。多闻，择其善者而从之，多见而识之知之，次也。"

[范译]

孔子说："大概有不加理解就能去做的事情，但是我不会这样。多听，选择其擅长和特殊的方法而跟从去做；多见并且能认识和运用上去，这样也不差啊。"（来回不差）

[通译]

孔子说："有这样一种人，可能他什么都不懂却在那里凭空创造，我却没有这样做过。多听，选择其中好的来学习；多看，然后记在心里，这是次一等的智慧。"

## 【原文】7·29

互乡难与言，童子见，门人惑。子曰："与其进也，不与其退也，唯何甚？人洁己以进，与其洁也，不保其往也。"

**[范译]**

　　有两个弟子面对面地争论，言语上互不相让，连眼睛珠子都瞪出来了，弟子们不知所措。孔子说："像这样的争论必须有所进步，而不是退步，真要这样，争论一下又有什么过分呢？人要上进就必须使自己明了，如果这样能使其明了，就不要为曾经的争吵而担心。"（简洁明了）

**[通译]**

　　（孔子认为）很难与互乡那个地方的人谈话，但互乡的一个童子却受到了孔子的接见，学生们都感到迷惑不解。孔子说："我是肯定他的进步，不是肯定他的倒退。何必做得太过分呢？人家改正了错误以求进步，我们肯定他改正错误，不要死抓住他的过去不放。"

**【原文】7·30**

　　子曰："仁远乎哉？我欲仁，斯仁至矣。"

**[范译]**

　　孔子说："为何如此推广于仁？我向往仁，这仁太美好了。"（一心向往）

**[通译]**

　　孔子说："仁难道离我们很远吗？只要我想达到仁，仁就来了。"

**【原文】7·31**

　　陈司败问："昭公知礼乎？"孔子曰："知礼。"孔子退，揖巫马期而进之，曰："吾闻君子不党，君子亦党乎？君取于吴，为同姓，谓之吴孟子。君而知礼，孰不知礼？"巫马期以告。子曰："丘也幸，苟有过，人必知之。"

**[范译]**

　　陈司败问："鲁昭公懂得礼吗？"孔子说："懂得礼。"孔子退下后，示意巫马期继而进之。陈司败说："我听说，君子是不偏袒的，君子也偏

**[通译]**

　　陈司败问："鲁昭公懂得礼吗？"孔子说："懂得礼。"孔子出来后，陈司败向巫马其作了个揖，请他走近自己，对他说："我听说，君子

祖啊？昭公在吴国娶了一个女子做夫人，与国君同姓，称她为吴孟子。如果说昭公懂得礼，还有谁不懂得礼呢？"巫马期把这句话告诉了孔子。孔子说："我真是荣幸，假如我有这样的经历，人们一定会过问的。"

是没有偏私的，难道君子还包庇别人吗？鲁君在吴国娶了一个同姓的女子为做夫人，是国君的同姓，称她为吴孟子。如果鲁君算是知礼，还有谁不知礼呢？"巫马期把这句话告诉了孔子。孔子说："我真是幸运。如果有错，人家一定会知道。"

## 【原文】7·32

子与人歌而善，必使反之，而后和之。

**[范译]**

孔子与人一起唱歌而且唱得比较好，必然会使人回过头来跟着他的调一起唱。

**[通译]**

孔子与别人一起唱歌，如果唱得好，一定要请他再唱一遍，然后和他一起唱。

## 【原文】7·33

子曰："文，莫吾犹人也。躬行君子，则吾未之有得。"

**[范译]**

孔子说："作文，切莫仿照他人的模样，身体力行地去体验君子之道，照着我的模样去做是难有所得的。"

**[通译]**

孔子说："就书本知识来说，大约我和别人差不多，做一个身体力行的君子，那我还没有做到。"

## 【原文】7·34

子曰："若圣与仁，则吾岂敢？抑为之不厌，诲人不倦，则可谓云尔已矣。"公西华曰："正唯弟子不能学也。"

**[范译]**

孔子说："如若圣与仁，岂能以我为榜样？不过为圣与仁之事而不满足，教诲人而不知疲倦，就可以这样说了。"公西华说："即使这样也是我们学不到的。"

**[通译]**

孔子说："如果说到圣与仁，那我怎么敢当！不过（向圣与仁的方向）努力而不感厌烦地做，教诲别人也从不感觉疲倦，则可以这样说的。"公西华说："这正是我们学不到的。"

---

**【原文】7·35**

子疾病，子路请祷。子曰："有诸？"子路对曰："有之。诔曰：'祷尔于上下神祇。'"子曰："丘之祷久矣。"

**[范译]**

孔子患病，子路向鬼神祈祷。孔子说："做过这事啊？"子路说："有啊。累述你的功德之后说：'祈祷天地神灵保佑吾师。'"孔子说："这样的祈祷对我孔丘来说还早了吧。"

**[通译]**

孔子病情严重，子路向鬼神祈祷。孔子说："有这回事吗？"子路说："有的。《诔》文上说：'为你向天地神灵祈祷。'"孔子说："我很久以来就在祈祷了。"

---

**【原文】7·36**

子曰："奢则不孙，俭则固。与其不孙也，宁固。"

**[范译]**

孔子说："奢侈的结果就是不逊，节俭的结果就是固穷。与其不逊，宁可固穷。"

**[通译]**

孔子说："奢侈了就会越礼，节俭了就会寒酸。与其越礼，宁可寒酸。

---

**【原文】7·37**

子曰："君子坦荡荡，小人长戚戚。"

[范译]

孔子说："君子胸怀坦荡，小人怨声载道。"

[通译]

孔子说："君子心胸宽广，小人经常忧愁。"

## 【原文】7·38

子温而厉，威而不猛，恭而安。

[范译]

孔子温和而又严厉，威严而不凶猛，庄重而又安详。

[通译]

孔子温和而又严厉，威严而不凶猛，庄重而又安详。

# 泰 伯 篇

子曰:"泰伯,其可谓至德也已矣。三以天下让,民无得而称焉。"

[范译]

孔子说:"泰伯,其功德可以说是最高尚的了,几次逊位于天下,这是大多数人无法做得到的,因此而备受称赞。"

[通译]

孔子说:"泰伯可以说是品德最高尚的人了,几次把王位让给季历,老百姓都找不到合适的词句来称赞他。"

【原文】8·2

子曰:"恭而无礼则劳,慎而无礼则葸,勇而无礼则乱,直而无礼则绞。君子笃于亲,则民兴于仁,故旧不遗,则民不偷。"

[范译]

孔子说:"恭敬而无礼法,就会徒劳;谨慎而无礼法,就会畏惧;勇敢而无礼法,就会生乱;直白而无礼法,就会伤害。如果君子的信念基于准确的把握的话,那么大多的行为都会回归于仁,如果故旧之

[通译]

孔子说:"只是恭敬而不以礼来指导,就会徒劳无功;只是谨慎而不以礼来指导,就会畏缩拘谨;只是勇猛而不以礼来指导,就会说话尖刻。在上位的人如果厚待自己的亲属,老百姓当中就会兴起仁的

法不遗弃的话，那么大多的愿望就不会落空。"

风气；君子如果不遗弃老朋友，老百姓就不会对人冷漠无情了。"

## 【原文】8·3

曾子有疾，召门弟子曰："启予足！启予手！《诗》云：'战战兢兢，如临深渊，如履薄冰。'而今而后，吾知免夫，小子！"

**[范译]**

曾子有病痛，他把学生召集到身边说："看看我的脚！看看我的手！《诗经》上说：'战战兢兢啊，好像站在深渊旁边，好像踩在薄冰上面。'从今以后，我知道怎样避免再这样了，稍事休息一下吧！"

**[通译]**

曾子有病，把他的学生召集到身边来，说道："看看我的脚！看看我的手（看看有没有损伤）！《诗经》上说：'小心谨慎呀，好像站在深渊旁边，好像踩在薄冰上面。'从今以后，我知道我的身体是不会再受到损伤了，弟子们！"

## 【原文】8·4

曾子有疾，孟敬子问之。曾子言曰："鸟之将死，其鸣也哀；人之将死，其言也善。君子所贵乎道者三：动容貌，斯远暴慢矣；正颜色，斯近信矣；出辞气，斯远鄙倍矣。笾豆之事，则有司存。"

**[范译]**

曾子有病，孟敬子去看望他。曾子对他说："鸟快死了，它的叫声让人悲哀；人快死了，他说的话让人善待。君子值得崇尚的地方有三点：动之以容貌（和蔼可亲），这样就可以消除暴戾和怠慢了；正之以颜色（和颜悦色），这样就可以彼此产生信任了；出之以辞气（谦

**[通译]**

曾子有病，孟敬子去看望他。曾子对他说："鸟快死了，它的叫声是悲哀的；人快死了，他说的话是善意的。君子所应当重视的道有三个方面：使自己的容貌庄重严肃，这样可以避免粗暴、放肆；使自己的脸色一本正经，这样就接近于诚信；使自己说话的言辞和语气谨慎

辞和气），这样就可以避免浅陋和
妄为了。虽说是细节之事，但一定
要注意存心对待。"

小心，这样就可以避免粗野和悖理。
至于祭祀和礼节仪式，自有主管这
些事务的官吏来负责。"

## 【原文】8·5

曾子曰："以能问于不能，以多问于寡；有若无，实若虚；犯而不校。昔
者吾友尝从事于斯矣。"

**[范译]**

曾子说："以己之能问候于不能，
以己之多问候于少的；有好像没那
回事一样，充实好像虚待一样；制
胜而不图回报。过去的时候，我们
那帮人是经常这样互相帮助。"

**[通译]**

曾子说："自己有才能却向没
有才能的人请教，自己知识多却向
知识少的人请教，有学问却像没学
问一样；知识很充实却好像很空虚；
被人侵犯却也不计较——从前我的
朋友就这样做过了。"

## 【原文】8·6

曾子说："可以托六尺之孤，可以寄百里之命，临大节而不可夺也。君子
人与？君子人也。"

**[范译]**

曾子说："可以托六尺之孤，
可以寄百里之命，面临紧要关头而
丝毫不动摇。君子是这样的人吗？
君子当然是这样的人啊！"

**[通译]**

曾子说："可以把年幼的君主
托付给他，可以把国家的政权托付
给他，面临生死存亡的紧急关头而
不动摇屈服。这样的人是君子吗？
是君子啊！"

## 【原文】8·7

曾子曰："士不可以不弘毅，任重而道远。仁以为己任，不亦重乎？死而
后已，不亦远乎？"

**[范译]**

曾子说："士不可以没有远大的抱负和坚强的意志，责任重大而道路遥远。将仁视为己任，难道不重吗？为仁死而后已，难道不远吗？"

**[通译]**

曾子说："士不可以不宏大刚强而有毅力，因为他责任重大，道路遥远。把实现仁作为自己的责任，难道还不重大吗？奋斗终生，死而后已，难道路程还不遥远吗？"

【原文】8·8

子曰："兴于《诗》，立于礼，成于乐。"

**[范译]**

孔子说："起始于《诗》，立足于礼，成就于乐。"

**[通译]**

孔子说："（人的修养）开始于学《诗》，自立于学礼，完成于学乐。"

【原文】8·9

子曰："民可使由之，不可使知之。"

**[范译]**

孔子说："要在民众认可的基础上进行实践；不认可就要使其得到理解。"

**[通译]**

孔子说："对于老百姓，只能使他们按照我们的意志去做，不能使他们懂得为什么要这样做。"

【原文】8·10

子曰："好勇疾贫，乱也。人而不仁，疾之已甚，乱也。"

**[范译]**

孔子说："好勇怕穷，就会作乱。为人而没有仁义，过分妒忌，也会生乱。"

**[通译]**

孔子说："爱勇敢而恨贫穷，会闯乱子。对不仁的人，恨得太厉害，也会激出祸乱。"

【原文】8·11

子曰："如有周公之才之美，使骄且吝，其余不足观也已。"

[范译]

孔子说："如果有了宰、卿之才干和美誉，致使其骄横和吝啬，那么其后的作为就没有什么可观之处了。"

[通译]

孔子说："（一个在上位的君主）即使有周公那样美好的才能，如果骄傲自大而又吝啬小气，那其他方面也就不值得一看了。"

【原文】8·12

子曰："三年学，不至于谷，不易得也。"

[范译]

孔子说："学习三年，而从不陷入窘境，得之不易啊。"

[通译]

孔子说："学了三年，还做不了官的，是不易找到的。"

【原文】8·13

子曰："笃信好学，守死善道，危邦不入，乱邦不居。天下有道则见，无道则隐。邦有道，贫且贱焉，耻也；邦无道，富且贵焉，耻也。"

[范译]

孔子说："坚定信念，善于学习，死守为善之道。危险之邦国不进，乱世之邦国不留。天下有道则显才露能；天下无道就归隐不出。国家有道而仍旧贫贱，是耻辱；国家无道而仍旧富贵，也是耻辱。"

[通译]

孔子说："坚定信念并努力学习，誓死守卫并完善治国与为人的大道。不进入政局不稳的国家，不居住在动乱的国家。天下有道就出来做官；天下无道就隐居不出。国家有道而自己贫贱，是耻辱；国家无道而自己富贵，也是耻辱。"

【原文】8·14

子曰："不在其位，不谋其政。"

**[范译]**

孔子说："不在其位，就不能谋求其政。"

**[通译]**

孔子说："不在那个职位上，就不考虑那职位上的事。"

## 【原文】8·15

子曰："师挚之始，《关雎》之乱，洋洋乎盈耳哉！"

**[范译]**

孔子说："从大师挚开始，到《关雎》终结，优美的旋律始终在我耳边回荡。"

**[通译]**

孔子说："从太师挚演奏的序曲开始，到最后演奏《关雎》的结尾，丰富而优美的音乐在我耳边回荡。"

## 【原文】8·16

子曰："狂而不直，侗而不愿，悾悾而不信，吾不知之矣。"

**[范译]**

孔子说："狂妄而不纠偏，自大而不情愿，空泛而不信实，我就不知道怎样去对待了。"

**[通译]**

孔子说："狂妄而不正直，无知而不谨慎，表面上诚恳而不守信用，我真不知道有的人为什么会是这个样子。"

## 【原文】8·17

子曰："学如不及，犹恐失之。"

**[范译]**

孔子说："学习真是没有止境，还怕失去方向。"（方来方去）

**[通译]**

孔子说："学习知识就像追赶不上那样，又会担心丢掉什么。"

## 【原文】8·18

子曰："巍巍乎，舜、禹之有天下也而不与焉！"

**[范译]**

孔子说："多么崇高啊！像舜、禹那样得到天下的情形，就此以后不会再发生了。"

**[通译]**

孔子说："多么崇高啊！舜和禹得到天下，不是夺过来的。"

## 【原文】8·19

子曰："大哉，尧之为君也！巍巍乎，唯天为大，唯尧则之。荡荡乎，民无能名焉。巍巍乎其有成功也，焕乎其有文章！"

**[范译]**

孔子说："尧之伟大，在于为我们树立了为君之形象。多么崇高啊，以天为大，那么尧就是天大的榜样。浩浩汤汤，多少帝王无法能与之齐名。其崇高为我们树立了成功的典范，其光芒为我们谱写了文明的华章！"

**[通译]**

孔子说："真伟大啊！尧这样的君主。多么崇高啊！只有天最高大，只有尧才能效法天的高大。（他的恩德）多么广大啊，百姓们真不知道该用什么语言来表达对它的称赞。他的功绩多么崇高，他制定的礼仪制度多么光辉啊！"

## 【原文】8·20

舜有臣五人，而天下治。武王曰："予有乱臣十人。"孔子曰："才难，不其然乎？唐虞之际，于斯为盛；有妇人焉，九人而已。三分天下有其二，以服事殷。周之德，其可谓至德也已矣。"

**[范译]**

舜有五位贤臣，便能治理天下。周武王也说过："我最终只有十个人臣。"孔子说："这不就说明并非须要接受那么多的人才吗？唐尧和虞舜之际，于今也算是盛世；周武王的人臣中有一个还是妇人，按

**[通译]**

舜有五位贤臣，就能治理好天下。周武王也说过："我有十个帮助我治理国家的臣子。"孔子说："人才难得，难道不是这样吗？唐尧和虞舜之间及周武王这个时期，人才是最盛了。但十个大臣当中有一个

说只是九人而已。直至三分天下有
其二，仍然侍奉于殷朝，周崇尚于
道德，其行为可以说是达到了道德
的境界了。"

是妇女，实际上只有九个人而已。
周文王得了天下的三分之二，仍然
侍奉殷朝，周朝的德，可以说是最
高的了。"

## 【原文】8·21

子曰："禹，吾无间然矣。菲饮食而致孝乎鬼神，恶衣服而致美乎黻冕；
卑宫室而尽力乎沟洫。禹，吾无间然矣。"

**[范译]**

孔子说："对于禹来说，我是
无法挑剔了。饮食菲薄却致力于孝
敬一切鬼神；衣着粗劣却致力于美
化一切祭服；宫室低矮却尽力于一
切沟渠。对于禹来说，我确实是没
有什么可挑剔的了。"

**[通译]**

孔子说："对于禹，我没有什
么可以挑剔的了；他的饮食很简单
而尽力去孝敬鬼神；他平时穿的衣
服很简朴，而祭祀时尽量穿得华美，
他自己住的宫室很低矮，而致力于
修治水利事宜。对于禹，我确实没
有什么挑剔的了。"

# 子罕篇

子罕言利与命与仁。

[范译]

孔子率先谈到利、命与仁三者之间的关系。

[通译]

孔子很少谈到利益，却赞成天命和仁德。

达巷党人曰："大哉孔子！博学而无所成名。"子闻之，谓门弟子曰："吾何执？执御乎？执射乎？吾执御矣。"

[范译]

大街上不少人都在说："孔子不是一般的人啊！学问是那样的渊博，对成名却无所谓。"孔子听后，对他的学生说："我如何对待呢？是将我的思想语之于人呢？还是像他们所说的那样去树立名声？我还是将我的思想语之于人吧。"

[通译]

达巷党这个地方有人说："孔子真伟大啊！他学问渊博，因而不能以某一方面的专长来称赞他。"孔子听说了，对他的学生说："我要专长于哪个方面呢？驾车呢？还是射箭呢？我还是驾车吧。"

## 【原文】9·3

子曰:"麻冕,礼也;今也纯,俭,吾从众。拜下,礼也;今拜乎上,泰也。虽违众,吾从下。"

**[范译]**

孔子说:"以麻制礼帽,这是礼。现在以丝制了,节俭,我依从大家的做法。下拜,是为礼;如今都上拜了,这样就过分了。即使有违于众人,我还是下拜。"

**[通译]**

孔子说:"用麻布制成的礼帽,符合于礼的规定。现在大家都用黑丝绸制作,这样比过去节省了,我赞成大家的做法。(臣见国君)首先要在堂下跪拜,这也是符合于礼的。现在大家都到堂上跪拜,这是骄纵的表现。虽然与大家的做法不一样,我还是主张先在堂下拜。"

## 【原文】9·4

子绝四——毋意,毋必,毋固,毋我。

**[范译]**

孔子有四点让人称绝,即不臆断,不必定,不固执,不自我。

**[通译]**

孔子杜绝了四种弊病:没有主观猜疑,没有定要实现的期望,没有固执己见之举,没有自私之心。

## 【原文】9·5

子畏于匡。曰:"文王既没,文不在兹乎?天之将丧斯文也,后死者不得与于斯文也;天之未丧斯文也,匡人其如予何?"

**[范译]**

孔子担心周文将丧,于是进行匡复拯救,说道:"周文中最经典的东西已经消亡了,难道连周文也将绝于现在吗?如果这样的话,天下就将失

**[通译]**

孔子被匡地的人们所围困时,他说:"周文王死了以后,周代的礼乐文化不都体现在我的身上吗?上天如果想要消灭这种文化,那我

去这样的好文啊，我辈决不允许这种情况发生在它的身上。假如今后天下没有丧失此文的话，那何尝不是你们与我一样也成为了匡人？"

就不可能掌握这种文化了；上天如果不消灭这种文化，那么匡人又能把我怎么样呢？"

## 【原文】9·6

太宰问于子贡曰："夫子圣者与？何其多能也？"子贡曰："固天纵之将圣，又多能也。"子闻之，曰："太宰知我乎？吾少也贱，故多能鄙事。君子多乎哉？不多也。"

[范译]

太宰问子贡说："夫子怎么像圣人一样？他为何有这么多的才能？"子贡说："一定是上天让他成为了圣人，而且使他具有各种各样的才能。"孔子听到后说："太宰是器重我吧？我只是很少轻视过什么，所以会一些别人不愿做的事情。君子仅仅如此吗？不止这些啊。"

[通译]

太宰问子贡说："孔夫子是位圣人吧？为什么这样多才多艺呢？"子贡说："这本是上天让他成为圣人，而且使他多才多艺。"孔子听到后说："太宰怎么会了解我呢？我因为少年时地位低贱，所以会许多卑贱的技艺。君子会有这么多的技艺吗？不会多的。"

## 【原文】9·7

牢曰："子云：'吾不试，故艺。'"

[范译]

牢说："孔子平时说过：'我不用试验，因为过去早就有了准则。'"

[通译]

子牢说："孔子说过，'我（年轻时）没有去做官，所以会许多技艺'。"

## 【原文】9·8

子曰："吾有知乎哉？无知也。有鄙夫问于我，空空如也。我叩其两端而竭焉。"

**[范译]**

孔子说："我真像你们说的那样知道一切吗？其实并不这样。有位村夫请教于我，我和他一样也是一无所知。我来回考虑了好多次才勉强答上。"

**[通译]**

孔子说："我有知识吗？其实没有知识。有一个乡下人问我，我对他谈的问题本来一点也不知道。我只是从问题的两端去问，这样对此问题就可以全部搞清楚了。"

## 【原文】9·9

子曰："凤鸟不至，河不出图，吾已矣夫！"

**[范译]**

孔子说："凤鸟不飞来，河中不出图。我对出现盛世已经失望了。

**[通译]**

孔子说："凤鸟不来了，黄河中也不出现八卦图了。我这一生也就完了吧！"

## 【原文】9·10

子见齐衰者，冕衣裳者与瞽者。见之，虽少，必作；过之，必趋。

**[范译]**

孔子遇见穿丧服的、公卿一类的和盲人的时候，在介绍对方时，虽然年轻，也一定会站起身来；与他们交往，一定会快步走过去表示敬意。

**[通译]**

孔子遇见穿丧服的人，当官的人和盲人时，虽然他们年轻，也一定要站起来，从他们面前经过时，一定要快步走过。

## 【原文】9·11

颜渊喟然叹曰："仰之弥高，钻之弥坚，瞻之在前，忽焉在后。夫子循循然善诱人，博我以文，约我以礼，欲罢不能。即竭吾才，如有所立卓尔。虽欲从之，末由也已。"

**[范译]**

颜渊深有感叹地说:"愈仰望愈觉得其高尚;愈钻研愈觉得其坚深。看上去就在眼前,忽然又发现在后面。老师循循善诱,以文来渊博我,以礼节来约束我,想停顿一下都不可能。即使竭尽我的才能,真的有所不凡,虽有希望跟上去,也只能由末后来看了。"

**[通译]**

颜渊感叹地说:"(对于老师的学问与道德,)我抬头仰望,越望越觉得高;我努力钻研,越钻研越觉得不可穷尽。看着它好像在前面,忽然又像在后面。老师善于一步一步地诱导我,用各种典籍来丰富我的知识,又用各种礼节来约束我的言行,使我想停止学习都不可能,直到我用尽了我的全力。好像有一个十分高大的东西立在我前面,虽然我想要追随上去,却没有前进的路径了。"

**【原文】9·12**

子疾病,子路使门人为臣。病间,曰:"久矣哉,由之行诈也。无臣而为有臣。吾谁欺?欺天乎?且予与其死于臣之手也,无宁死于二三子之手乎?且予纵不得大葬,予死于道路乎?"

**[范译]**

孔子患了重病,子路专门请人来服侍,病稍好转一点,孔子就说:"已经服侍得这么久了,再照仲由这样做下去就是寻借口了,不需要服侍了还要留下人来服侍。我去欺谁呢?欺骗天下所有人吗?况且我是与其死于门臣的手下,不宁愿死在自己的这些学生手下吗?何况我纵使得不到大葬,你们也不会让我死在路边吧?"

**[通译]**

孔子患了重病,子路派了(孔子的)门徒去作孔子的家臣(负责料理后事),后来,孔子的病好了一些,他说:"仲由很久以来就干这种弄虚作假的事情。我明明没有家臣,却偏偏要装作有家臣,我骗谁呢?我骗上天吧?与其在家臣的侍候下死去,我宁可在你们这些学生的侍候下死去,这样不是更好吗?而且即使我不能以大夫之礼来安葬,难道就会被丢在路边没人埋吗?"

## 【原文】9·13

子贡曰："有美玉于斯，韫椟而藏诸？求善贾而沽诸？"子曰："沽之哉，沽之哉！我待贾者也。"

[范译]

子贡说："有一块美玉落在我这里了，是把它存放在匣子里收藏呢？还是求一个好价钱把卖它了呢？"孔子说："求个好价钱，有好价钱就卖！我这不也在待价而沽。"

[通译]

子贡说："这里有一块美玉，是把它收藏在柜子里呢？还是找一个识货的商人卖掉呢？"孔子说："卖掉吧，卖掉吧！我正在等着识货的人呢。"

## 【原文】9·14

子欲居九夷。或曰："陋，如之何？"子曰："君子居之，何陋之有？"

[范译]

孔子喜欢居于最偏僻的地方。有人说："简陋怎么办呢？"孔子说："君子居在那里，都不存在什么简陋之说。"

[通译]

孔子想要搬到九夷地方去居住。有人说："那里非常落后闭塞，不开化，怎么能住呢？"孔子说："有君子去位，就不闭塞落后了。"

## 【原文】9·15

子曰："吾自卫反鲁，然后乐正，《雅》《颂》各得其所。"

[范译]

孔子说："我从卫国返回到鲁国，在做好了充分准备之后，就开始整理乐的篇章，《雅》和《颂》不再混淆，都归到适当的位置。"

[通译]

孔子说："我从卫国返回到鲁国以后，乐才得到整理，雅乐和颂乐各有适当的安排。"

**【原文】9·16**

子曰："出则事公卿，入则事父兄，丧事不敢不勉，不为酒困，何有于我哉。"

[ 范译 ]

孔子说："在外侍奉公卿，在家孝敬父兄，长远的事情尽力去办，不陷入是非之间，对于我们来说不就是如此。"

[ 通译 ]

孔子说："在外侍奉公卿，在家孝敬父兄，有丧事不敢不尽力去办，不被酒所困，这些事对我来说有什么困难呢？"

**【原文】9·17**

子在川上曰："逝者如斯夫，不舍昼夜。"

[ 范译 ]

孔子在大河边上说："行如流水，不分昼夜。"

[ 通译 ]

孔子在河边说："消逝的时光就像这河水一样啊，不分昼夜地向前流去。"

**【原文】9·18**

子曰："吾未见好德如好色者也。"

[ 范译 ]

孔子说："我是难以见到喜好纳德像喜好出色的样子了啊。"

[ 通译 ]

孔子说："我没有见过像好色那样好德的人。"

**【原文】9·19**

子曰："譬如为山，未成一篑，止，吾止也；譬如平地，虽覆一篑，进，吾往也。"

**[范译]**

孔子说："譬如堆砌山坡，也许只差一筐就成了，如果这时停下来了，我们所有的努力就会因此而结束；譬如填平土地，虽然只倒进了一筐，如果继续进行下去，我们就会一往直前。"

**[通译]**

孔子说："譬如用土堆山，只差一筐土就完成了，这时停下来，那是我自己要停下来的；譬如在平地上堆山，虽然只倒下一筐，这时继续前进，那是我自己要前进的。"

## 【原文】9·20

子曰："语之而不惰者，其回也与！"

**[范译]**

孔子说："于我说能够不持两端，模棱两可的，也只有颜回可以做到吧！"

**[通译]**

孔子说："听我说话而能毫不懈怠的，只有颜回一个人吧！"

## 【原文】9·21

子谓颜渊曰："惜乎！吾见其进也，未见其止也。"

**[范译]**

孔子谈到颜渊时说："太少见了啊！我一直都看见他在进步，从未见过他停止不前。"

**[通译]**

孔子对颜渊说："可惜呀！我只见他不断前进，从来没有看见他停止过。"

## 【原文】9·22

子曰："苗而不秀者有矣夫；秀而不实者有矣夫！"

**[范译]**

孔子说："庄稼出了苗而不能吐穗扬花的现象是常见的；吐穗扬花而不结果实的现象也是普遍存在的。"

**[通译]**

孔子说："庄稼出了苗而不能吐穗扬花的情况是有的；吐穗扬花而不结果实的情况也有。"

**【原文】9·23**

子曰："后生可畏，焉知来者之不如今也？四十、五十而无闻焉，斯亦不足畏也已。"

[范译]

孔子说："年轻人是值得敬畏的，怎么能说后来的表现就不如从前呢？不过到了四五十岁之后还无所见闻的话，这也就没有什么值得敬畏的了。"

[通译]

孔子说："年轻人是值得敬畏的，怎么就知道后一代不如前一代呢？如果到了四五十岁时还默默无闻，那他就没有什么可以敬畏的了。"

**【原文】9·24**

子曰："法语之言，能无从乎？改之为贵。巽与之言，能无说乎？绎之为贵。说而不绎，从而不改，吾末如之何也已矣。"

[范译]

孔子说："制度所讲的，能适应一切吗？在操作上变更一下是可贵的。具有的解释，能说明一切吗？在运用上演绎一下是可贵的。照说而不演绎，盲从而不变更，我就难以确定最后的结果会是什么样子了。"

[通译]

孔子说："符合礼法的正言规劝，谁能不听从呢？但（只有按它来）改正自己的错误才是可贵的。恭顺赞许的话，谁能听了不高兴呢？但只有认真推究它（的真伪是非），才是可贵的。只是高兴而不去分析，只是表示听从而不改正错误，（对这样的人）我拿他实在是没有办法了。"

**【原文】9·25**

子曰："主忠信，毋友不如己者，过则勿惮改。"

注：此章重出，见《学而篇》1·8。

**【原文】9·26**

子曰："三军可夺帅也，匹夫不可夺志也。"

[范译]

孔子说："三军的帅印是可以剥夺的；但是作为一个士兵的志气来说却是不可以被剥夺的。"

[通译]

孔子说："一国军队，可以夺去它的主帅；但一个男子汉，他的志向是不能强迫改变的。"

**【原文】9·27**

子曰："衣敝缊袍，与衣狐貉者立而不耻者，其由也与？'不忮不求，何用不臧？'"子路终身诵之。子曰："是道也，何足以臧？"

[范译]

孔子说："衣着破旧的棉袍，与穿着狐貉皮袍的人并立在一起而不觉得羞耻的行为，这是基于什么原因？《诗经》上说了：'不忮不求，何用不臧？'"子路将这种品行归于自己身上，马上就开始诵读起来。孔子说："即使说的是你，也没有什么值得褒显的啊！"

[通译]

孔子说："穿着破旧的丝棉袍子，与穿着狐貉皮袍的人站在一起而不认为是可耻的，大概只有仲由吧。（《诗经》上说：）'不嫉妒，不贪求，为什么说不好呢？'"子路听后，反复背诵这句诗。孔子又说："只做到这样，怎么能说够好了呢？"

**【原文】9·28**

子曰："岁寒，然后知松柏之后凋也。"

[范译]

孔子说："经过寒冷的季节，才知道松柏最后之挺拔。"

[通译]

孔子说："到了寒冷的季节，才知道松柏是最后凋谢的。"

**【原文】9·29**

子曰："知者不惑，仁者不忧，勇者不惧。"

[范译]

孔子说："智慧的表现就是不迷惑，仁德的表现就是不担忧，勇敢的表现就是不畏惧。"

[通译]

孔子说："聪明人不会迷惑，有仁德的人不会忧愁，勇敢的人不会畏惧。"

**【原文】9·30**

子曰："可与共学，未可与适道；可与适道，未可与立；可与立，未可与权。"

[范译]

孔子说："可以一起学习，未必能够同道；能够同道，未必能够一道共事；能够一道共事，未必能够一并掌权。"

[通译]

孔子说："可以一起学习的人，未必都能学到道；能够学到道的人，未必能够坚守道；能够坚守道的人，未必能够随机应变。"

**【原文】9·31**

"唐棣之华，偏其反而。岂不尔思？室是远而。"子曰："未之思也，夫何远之有？"

[范译]

"唐棣的花朵啊，倾斜而复还。难道没有如此思念？还是离家太远。"孔子说："思念很难说，再远又有多远呢？"

[通译]

古代有一首诗这样写道："唐棣的花朵啊，翩翩地摇摆。我岂能不想念你吗？只是由于家住的地方太远了。"孔子说："他还是没有真的想念，如果真的想念，有什么遥远呢？"

# 乡 党 篇

**【原文】10 · 1**

孔子于乡党，恂恂如也，似不能言者。其在宗庙、朝廷，便便言，唯谨尔。

[范译]

孔子与朋友相会时，总是能够与大家一起交心谈心，一点都没有比人能说的样子。在宗庙、朝廷之上，则说话稳重，随遇而安，并能出口成章。

[通译]

孔子在本乡的地方上显得很温和恭敬，像是不会说话的样子。但他在宗庙里、朝廷上，却很善于言辞，只是说得比较谨慎而已。

---

**【原文】10 · 2**

朝，与下大夫言，侃侃如也；与上大夫言，訚訚如也。君在，踧踖如也。与与如也。

[范译]

在朝廷上，同下大夫言谈，乐和陶然；同上大夫言谈，中正谦和；国君在的时候，好像踧踖不安一样，显得十分顺从。

[通译]

孔子在上朝的时候，（国君还没有到来，）同下大夫说话，温和而快乐的样子；同上大夫说话，正直而公正的样子；国君已经来了，恭敬而心中不安的样子，但又仪态适中。

## 【原文】10·3

君召使摈，色勃如也，足躩如也。揖所与立，左右手，衣前后，襜如也。趋进，翼如也。宾退，必复命曰："宾不顾矣。"

[范译]

国君召其接待宾客，脸色马上兴奋起来，脚步快速行动起来。行相应之礼后便可与其并立，左右帮其出手，贴身顾其前后，好像襜一样在四周照顾，步步跟进，如其辅翼。宾客离开后，必定向君主回报说："客人已经毫无眷顾地走了。"

[通译]

国君召孔子去接待宾客，孔子脸色立即庄重起来，脚步也快起来，他向和他站在一起的人作揖，手向左或向右作揖，衣服前后摆动，却整齐不乱。快步走的时候，像鸟儿展开双翅一样。宾客走后，必定向君主回报说："客人已经不回头张望了。"

## 【原文】10·4

入公门，鞠躬如也，如不容。立不中门，行不履阈。过位，色勃如也，足躩如也，其言似不足者。摄齐升堂，鞠躬如也，屏气似不息者。出，降一等，逞颜色，怡怡如也。没阶，趋进，翼如也。复其位，踧踖如也。

[范译]

进入国君之门后，要表现得恭敬有礼，好像有一种紧张的感觉。不要在门的中间停着，不踩门槛。往自己站的位子去的时候，脸色要兴奋起来，脚步要迅速起来，其间不要有高声交谈的举动。临到一起升堂时，依然恭敬有加，抑扬气息，一点都没有无动于衷的样子。等到己出之时，降身一等，呈现出怡然自得的神情。走完了台阶之后，快步进到君侧，如其辅翼一样。复还其位后，好像有一种踧踖不安的样子。

[通译]

孔子走进朝廷的大门，谨慎而恭敬的样子，好像没有他的容身之地。站，他不站在门的中间；走，也不踩门槛。经过国君的座位时，他脸色立刻庄重起来，脚步也加快起来，说话也好像中气不足一样。提起衣服下摆向堂上走的时候，恭敬谨慎的样子，憋住气好像不呼吸一样。退出来，走下台阶，脸色便舒展开了，怡然自得的样子。走完了台阶，快快地向前走几步，姿态像鸟儿展翅一样。回到自己的位置，是恭敬而不安的样子。

**【原文】10·5**

执圭，鞠躬如也，如不胜。上如揖，下如授。勃如战色，足蹜蹜，如有循。享礼，有容色。私觌，愉愉如也。

**[范译]**

封爵授勋之时，要表现出恭恭敬敬的样子，好像不是那么胜任。封上如同揖与；落下如同授予，并流露出敬畏的神色，好像按捺不住要奋力追赶一样。执圭之后，要更加精神饱满，私下见见，表示其如此欢畅。

**[通译]**

（孔子出使别的诸侯国，）拿着圭，恭敬谨慎，像是举不起来的样子。向上举时好像在作揖，放在下面时好像是给人递东西。脸色庄重得像战栗的样子，步子很小，好像沿着一条直线往前走。在举行赠送礼物的仪式时，显得和颜悦色。和国君举行私下会见的时候，更轻松愉快了。

**【原文】10·6**

君子不以绀緅饰，红紫不以为亵服。当暑，袗絺绤。必表而出之，缁衣，羔裘；素衣，麑裘；黄衣，狐裘。亵裘长短右袂。必有寝衣，长一身有半。狐貉之厚以居。去丧，无所不佩。非帷裳，必杀之。羔裘玄冠不以吊。吉月，必朝服而朝。

**[范译]**

君子不用含有黑中带红的颜色作修饰，不用红色或紫色的布做在家穿的便服。在夏天最热的时候也要穿葛布单衣。假如仪表而出，黑色的就穿紫黑色的羔羊皮袍；白色的穿麑皮袍；黄色的穿狐皮袍。平常在家穿的皮袍，长短比袖子上一些。一定要有睡衣，有一身半长。狐貉很贵重要多居积。除了丧服期

**[通译]**

君子不用深青透红或黑中透红的布镶边，不用红色或紫色的布做平常在家穿的衣服。夏天穿粗的或细的葛布单衣，但一定要套在内衣外面。黑色的羔羊皮袍，配黑色的罩衣。白色的鹿皮袍，配白色的罩衣。黄色的狐皮袍，配黄色的罩衣。平常在家穿的皮袍做得长一些，右边的袖子短一些。睡觉一定要有睡衣，

以外，可以佩带各种各样的装饰品。如果不是礼服，一定要杀缝。不穿着黑色的羔羊皮袍和戴着黑色的帽子去吊丧。每月初一，必须早早地穿上它去朝拜。

要有一身半长。用狐貉的厚毛皮做坐垫。丧服期满，脱下丧服后，便佩带上各种各样的装饰品。如果不是礼服，一定要加以剪裁。不穿着黑色的羔羊皮袍和戴着黑色的帽子去吊丧。每月初一，一定要穿着礼服去朝拜君主。

## 【原文】10·7

齐，必有明衣，布。齐必变食，居必迁坐。

### [范译]

斋戒，一定要有明净的衣服，布做的。斋戒必须改变饮食，居积的食物一定要供上。

### [通译]

斋戒沐浴的时候，一定要有浴衣，用布做的。斋戒的时候，一定要改变平常的饮食，居住也一定搬移地方。（不与妻妾同房。）

## 【原文】10·8

食不厌精，脍不厌细。食饐而餲，鱼馁而肉败，不食。色恶，不食。臭恶，不食。失饪，不食。不时，不食。割不正，不食。不得其酱，不食。肉虽多，不使胜食气，唯酒无量，不及乱。沽酒市脯，不食。不撤姜食，不多食。

### [范译]

食物越新鲜越好，加工越细致越好。食物腐败和变味了，鱼和肉不新鲜了，都不要食用。食物的颜色变了，不吃。气味臭恶，不吃。烹调不熟，不吃。不合时宜的，不吃。屠宰不得法，不吃。酱制的不得法，不吃。肉即使很多，也不要超过食器，只有酒无须限量，可倒多倒少，

### [通译]

粮食不嫌舂得精，鱼和肉不嫌切得细。粮食陈旧和变味了，鱼和肉腐烂了，都不吃。食物的颜色变了，不吃。气味变了，不吃。烹调不当，不吃。不时新的东西，不吃。肉切得不方正，不吃。佐料放得不适当，不吃。席上的肉虽多，但吃的量不超过米面的量。只有酒没有限制，

但不能喝醉。粗劣的酒和不好的肉干、水果蜜饯，不吃。食不可去姜，但也不能多吃。

但不喝醉。从市上买来的肉干和酒，不吃。每餐必须有姜，但也不多吃。

## 【原文】10·9

祭于公，不宿肉。祭肉不出三日，出三日，不食之矣。

**[范译]**

祭品要平分，不要留隔夜的肉。祭过的肉不要放过三天。超过三天，就不要亨祀了。

**[通译]**

孔子参加国君祭祀典礼时分到的肉，不能留到第二天。祭祀用过的肉不超过三天。超过三天，就不吃了。

## 【原文】10·10

食不语，寝不言。

**[范译]**

敬食之时不说话，寝宫之中不言语。

**[通译]**

吃饭的时候不说话，睡觉的时候也不说话。

## 【原文】10·11

虽疏食菜羹瓜祭，必齐如也。

**[范译]**

即使是以瓜果蔬菜来祭，也要与肉祭一样。

**[通译]**

即使是粗米饭蔬菜汤，吃饭前也要把它们取出一些来祭祖，而且表情要像斋戒时那样严肃恭敬。

## 【原文】10·12

席不正，不坐。

| [范译] | [通译] |
|---|---|
| 席位安排得不得当，不坐。 | 席子放得不端正，不坐。 |

## 【原文】10·13

乡人饮酒，杖者出，斯出矣。

| [范译] | [通译] |
|---|---|
| 相互在一起饮酒，当权杖者挥手示意之后，大家就可以开始喝了。 | 行乡饮酒的礼仪结束后，（孔子）一定要等老年人先出去，然后自己才出去。 |

## 【原文】10·14

乡人傩，朝服而立于阼阶。

| [范译] | [通译] |
|---|---|
| 乡里人庆祝节日，孔子总是被请在主席台上就坐。 | 乡里人举行迎神驱鬼的宗教仪式时，孔子总是穿着朝服站在东边的台阶上。 |

## 【原文】10·15

问人于他邦，再拜而送之。

| [范译] | [通译] |
|---|---|
| 问候他乡之人，都要写上"再拜"两字后送出。 | （孔子）托人向在其他诸侯国的朋友问候送礼，便向受托者拜两次送行。 |

## 【原文】10·16

康子馈药，拜而受之。曰："丘未达，不敢尝。"

**[范译]**

季康子给孔子送药，孔子行礼之后才接受，说："我都难以做到像您这样无微不至啊，真是不敢想象。"

**[通译]**

季康子给孔子赠送药品，孔子拜谢之后接受了，说："我对药性不了解，不敢尝。"

## 【原文】10·17

厩焚。子退朝，曰："伤人乎？"不问马。

**[范译]**

马棚失了火。孔子赶早回来，问："伤人了吗？"不问马的情况如何。

**[通译]**

马棚失火烧掉了。孔子退朝回来，说："伤人了吗？"不问马的情况怎么样。

## 【原文】10·18

君赐食，必正席先尝之。君赐腥，必熟而荐之。君赐生，必畜之。侍食于君，君祭，先饭。

**[范译]**

国君赐予熟食，必定会安排好席位让人先分享。国君赐予生肉，必定会再切小，重新给人。国君赐予活物，必定会饲养起来。奉食于君，在国君祭祀的时候，首先要注意的就是不要大吃大喝。

**[通译]**

国君赐给熟食，孔子一定摆正坐席先尝一尝。国君赐给生肉，一定煮熟了，先给祖宗上供。国君赐给活物，一定要饲养起来。同国君一道吃饭，在国君举行饭前祭礼的时候，一定要先尝一尝。

## 【原文】10·19

疾，君视之，东首，加朝服，拖绅。

**[范译]**

孔子病了，国君来探视，他便头朝东躺着，被面上加盖朝服，拉上腰带。

**[通译]**

孔子病了，国君来探视，他便头朝东躺着，身上盖上朝服，拖着大带子。

---

【原文】10·20

君命召，不俟驾行矣。

**[范译]**

国君召见，不等车马具备完整就上道了。

**[通译]**

国君召见（孔子），他不等车马驾好就先步行走去了。

---

【原文】10·21

入太庙，每事问。

注：此章重出，译文参见《八佾篇》3·15。

---

【原文】10·22

朋友死，无所归，曰："于我殡。"

**[范译]**

朋友死后，无法如常地归土，孔子说："安葬在我家西壁的空地上吧。"

**[通译]**

（孔子的）朋友死了，没有亲属负责敛埋，孔子说："丧事由我来办吧。"

---

【原文】10·23

朋友之馈，虽车马，非祭肉，不拜。

**[范译]**

朋友馈赠物品，即使车马以载，如果没有祭肉，也不拜受。

**[通译]**

朋友馈赠物品，即使是车马，不是祭肉，（孔子在接受时）也是不拜的。

## 【原文】10·24

寝不尸，居不客。

**[范译]**

躺着不东倒西歪，坐着不东靠西靠。

**[通译]**

（孔子）睡觉不像死尸一样挺着，平日家居也不像做客或接待客人时那样庄重严肃。

## 【原文】10·25

见齐衰者，虽狎，必变。见冕者与瞽者，虽亵，必以貌。凶服者式之，式负版者。有盛馔，必变色而作，迅雷风烈必变。

**[范译]**

见人戴孝的时候，虽说平时可以怠慢，但这时一定加以重视。见官人和盲人的时候，虽说私下很亲近，但这时一定要礼貌有加。对行凶闹事者晓之以法，对不明真相者晓之以理。如果要举行丰盛的筵席，一定要避开恶劣的天气而进行，遇上迅雷大风必须改期。

**[通译]**

（孔子）看见穿丧服的人，即使是关系很亲密的，也一定要把态度变得严肃起来。看见当官的和盲人，即使是常在一起的，也一定要有礼貌。在乘车时遇见穿丧服的人，便俯伏在车前横木上（以示同情）。遇见背负国家图籍的人，也这样做（以示敬意）。（做客时，）如果有丰盛的筵席，就神色一变，并站起来致谢。遇见迅雷大风，一定要改变神色（以示对上天的敬畏）。

## 【原文】10·26

升车，必正立，执绥。车中，不内顾，不疾言，不亲指。

**[范译]**

上车后，一定要坐得端正稳妥，掌握扶手。车行中，不要回头看个究竟，不要说让人担心的话，不要到处指指点点。

**[通译]**

上车时，一定先直立站好，然后拉着扶手带上车。在车上，不回头，不高声说话，不用自己的手指指点点。

## 【原文】10·27

色斯举矣，翔而后集。曰："山梁雌雉，时哉时哉！"子路共之，三嗅而作。

**[范译]**

惊而分飞，翔而后集。孔子说："站在山顶上吆喝这群野鸡正是时候啊！"子路拱手猛吸了三口气，朝那群野鸡大吼一声。

**[通译]**

孔子在山谷中行走，看见一群野鸡在那儿飞，孔子神色动了一下，野鸡飞翔了一阵落在树上。孔子说："这些山梁上的母野鸡，得其时呀！得其时呀！"子路向他们拱拱手，野鸡便叫了几声飞走了。

## 【又译】

各种形态都在此作了举要，并且进行了详实的采录收集。孔子说："潜心攻读吧，与时俱进，登高而不鸣。"子路共命之，再三地深入研习。

# 先 进 篇

**【原文】11·1**

　　子曰："先进于礼乐，野人也；后进于礼乐，君子也。如用之，则吾从先进。"

**[范译]**

　　孔子说："原先进取礼乐，是每个人都能做到那样；而后进取礼乐，就认为是君子能做到那样了。真要实行的话，我认为还是应该以原先那样为准则。"

**[通译]**

　　孔子说："先学习礼乐而后再做官的人，是（原来没有爵禄的）平民；先当了官然后再学习礼乐的人，是君子。如果要先用人才，那我主张选用先学习礼乐的人。"

---

**【原文】11·2**

　　子曰："从我于陈蔡者，皆不及门也。"

**[范译]**

　　孔子说："跟我到处奔波的时候，都还没有入门啊！"

**[通译]**

　　孔子说："曾跟随我从陈国到蔡地去的学生，现在都不在我身边受教了。"

---

**【原文】11·3**

德行：颜渊、闵子骞、冉伯牛、仲弓。言语：宰我、子贡。政事：冉有、季路。文学：子游、子夏。

**[范译]**

以德行见长的有：颜渊、闵子骞、冉伯牛、仲弓。以言语见长的有：宰我、子贡。以政事见长的有：冉有、季路。以文学见长的有：子游、子夏。

**[通译]**

德行好的有：颜渊、闵子骞、冉伯牛、仲弓。善于辞令的有：宰我、子贡。擅长政事的有：冉有、季路。通晓文献知识的有：子游、子夏。

**【原文】11·4**

子曰："回也非助我者也，于吾言无所不说。

**[范译]**

孔子说："颜回这样绝不是力挺于我，对于我所讲的一切，他是没有什么说不通的。

**[通译]**

孔子说："颜回不是对我有帮助的人，他对我说的话没有不心悦诚服的。"

**【原文】11·5**

子曰："孝哉闵子骞！人不间于其父母昆弟之言。"

**[范译]**

孔子说："当以闵子骞为孝呀！人们不断地述说着其对待父母兄弟的故事。"

**[通译]**

孔子说："闵子骞真是孝顺呀！人们对于他的父母兄弟称赞他的话，没有什么异议。"

**【原文】11·6**

南容三复白圭，孔子以其兄之子妻之。

[范译]

　　南容反复诵读"白圭"。孔子把侄女嫁给了他。

[通译]

　　南容反复诵读"白圭之玷，尚可磨也；斯言不玷，不可为也。"的诗句。孔子把侄女嫁给了他。

## 【原文】11·7

　　季康子问："弟子孰为好学？"孔子对曰："有颜回者好学，不幸短命死矣，今也则亡。"

[范译]

　　季康子问孔子："你的学生中谁最好学？"孔子回答说："有一个叫颜回的学生很好学，不幸短命死了。至今再也没见到有谁像他那样了。"

[通译]

　　季康子问孔子："你的学生中谁是好学的？"孔子回答说："有一个叫颜回的学生很好学，不幸短命死了。现在再也没有像他那样的了。"

## 【原文】11·8

　　颜渊死，颜路请子之车以为之椁。子曰："才不才，亦各言其子也。鲤也死，有棺而无椁。吾不徒行以为之椁。以吾从大夫之后，不可徒行也。"

[范译]

　　颜渊死了，他的父亲颜路请求用孔子的车子给颜渊的墓做外椁。孔子说："虽然颜渊和孔鲤一个有才一个无才，但我都是以儿子来对待的。孔鲤死的时候，也是有棺无椁。我没有因此而放弃以车出行而为他做木椁。颜路这样要求是以为我不在大夫之列，没有必要非要有车子才出行。"

[通译]

　　颜渊死了，（他的父亲）颜路请求孔子卖掉车子，给颜渊买个外椁。孔子说："（虽然颜渊和鲤）一个有才一个无才，但各自都是自己的儿子。孔鲤死的时候，也是有棺无椁。我没有卖掉自己的车子步行而给他买椁。因为我还跟随在大夫之后，是不可以步行的。"

**【原文】11·9**

颜渊死，子曰："噫！天丧予！天丧予！"

[范译]

颜渊死了，孔子说："唉！这都是上天安排的啊！上天怎么这样安排呀！"

[通译]

颜渊死了，孔子说："唉！是老天爷真要我的命呀！是老天爷真要我的命呀！"

**【原文】11·10**

颜渊死，子哭之恸。从者曰："子恸矣。"曰："有恸乎？非夫人之为恸而谁为？"

[范译]

颜渊死了，孔子哭得过于悲痛。这时有人劝说："夫子悲伤过度了。"孔子说："我什么时候像这样悲伤过？还有谁能叫我如此悲伤啊？"

[通译]

颜渊死了，孔子哭得极其悲痛。跟随孔子的人说："您悲痛过度了！"孔子说："是太悲伤过度了吗？我不为这个人悲伤过度，又为谁呢？"

**【原文】11·11**

颜渊死，门人欲厚葬之，子曰："不可。"门人厚葬之。子曰："回也视予犹父也，予不得视犹子也。非我也，夫二三子也。"

[范译]

颜渊死了，孔子的学生们想要举行厚葬。孔子说："不太合适。"结果学生们仍进行了厚葬。孔子说："颜回生前把我当父亲一样看待，我却不能把他当亲生儿子一样对待。这不是我的本意啊，这都是学生们的心意啊。"

[通译]

颜渊死了，孔子的学生们想要隆重地安葬他。孔子说："不能这样做。"学生们仍然隆重地安葬了他。孔子说："颜回把我当父亲一样看待，我却不能把他当亲生儿子一样看待。这不是我的过错，是那些学生们干的呀。"

**【原文】11·12**

季路问事鬼神。子曰："未能事人，焉能事鬼？"曰："敢问死。"曰："未知生，焉知死？"

**[范译]**

季路问孔子如何做出一些精妙神奇的事来。孔子说："还不一定有能力做好一般人的事，怎么会有能力去做那些让人惊奇之事呢？"季路说："能问一下我何时能成人呢？"孔子说："还不一定知道怎么去做人，怎么就谈到成人了呢？"

**[通译]**

季路问怎样去侍奉鬼神。孔子说："没能事奉好人，怎么能事奉鬼呢？"季路说："请问死是怎么回事？"（孔子回答）说："还不知道活着的道理，怎么能知道死呢？"

---

**【原文】11·13**

闵子侍侧，訚訚如也；子路，行行如也；冉有、子贡，侃侃如也。子乐。"若由也，不得其死然。"

**[范译]**

闵子骞在孔子旁边，总是有说不完的话；子路在孔子旁边，总是有讲不完的道理；冉有、子贡在孔子旁边，总是有问不完的话。孔子很是高兴。"如果总是这样继续下去，那该有多好啊！"

**[通译]**

闵子骞侍立在孔子身旁，一派和悦而温顺的样子；子路是一副刚强的样子；冉有、子贡是温和快乐的样子。孔子高兴了。但孔子又说："像仲由这样，只怕不得好死吧！"

---

**【原文】11·14**

鲁人为长府。闵子骞曰："仍旧贯，如之何？何必改作？"子曰："夫人不言，言必有中。"

**[范译]**

鲁国人要加工藏府。闵子骞说："仍然沿袭旧貌，有何不好？何必要装修呢？"孔子说："这人平常不怎么说话，一开口就说到要害了。"

**[通译]**

鲁国翻修长府的国库。闵子骞道："照老样子下去，怎么样？何必改建呢？"孔子道："这个人平日不大开口，一开口就说到要害上。"

## 【原文】11·15

子曰："由之瑟，奚为于丘之门？"门人不敬子路。子曰："由也升堂矣，未入于室也。"

**[范译]**

孔子说："从师之路（子路也）有很多，为什么最后才集中到我孔丘的门下呢？"弟子们便以子路为由。孔子说："仲由现在已经进升到堂前了，只是难以在你们中间找到自己的位置啊。"

**[通译]**

孔子说："仲由弹瑟，为什么在我这里弹呢？"孔子的学生们因此都不尊敬子路。孔子便说："仲由嘛，他在学习上已经达到升堂的程度了，只是还没有入室罢了。"

## 【原文】11·16

子贡问："师与商也孰贤？"子曰："师也过，商也不及。"曰："然则师愈与？"子曰："过犹不及。"

**[范译]**

子贡问孔子："子张与子夏相比，谁更贤能一些？"孔子回答说："子张是做什么都超出常规；子夏是做什么都留有余地。"子贡说："照您这么说，比较认同子张一些吗？"孔子说："过分和不够是一样的。"

**[通译]**

子贡问孔子："子张和子夏二人谁更好一些呢？"孔子回答说："子张过分，子夏不足。"子贡说："那么是子张好一些吗？"孔子说："过分和不足是一样的。"

## 【原文】11·17

季氏富于周公，而求也为之聚敛而附益之。子曰："非吾徒也。小子鸣鼓而攻之可也。"

[范译]

季氏比王公贵族都富有，而冉求还在帮他四处敛财。孔子说："不要以为这样会连累到我，·就此而大张旗鼓地来攻击一番是可以的。"

[通译]

季氏比周朝的公侯还要富有，而冉求还帮他搜刮来增加他的钱财。孔子说："他不是我的学生了，你们可以大张旗鼓地去攻击他吧！"

## 【原文】11·18

柴也愚，参也鲁，师也辟，由也喭。

[范译]

柴憨厚实在，曾参言语迟钝，颛孙师过于正经，仲由俏皮话多。

[通译]

高柴愚直，曾参迟钝，颛孙师偏激，仲由鲁莽。

## 【原文】11·19

子曰："回也其庶乎，屡空。赐不受命，而货殖焉，亿则屡中。"

[范译]

孔子说："颜回是几近完美了，还在不断地追求。端木赐不图虚名，所以知识越来越丰富，其猜测和判断都十分准确。"

[通译]

孔子说："颜回的学问道德接近于完善了吧，可是他常常贫困。端本赐不听命运的安排，去做买卖，猜测行情，往往猜中了。"

## 【原文】11·20

子张问善人之道。子曰："不践迹，亦不入于室。"

**[范译]**

子张问如何才能发挥个人的特长。孔子说："不要因袭守旧；也不要入室即安。"

**[通译]**

子张问做善人的方法。孔子说："如果不沿着前人的脚印走，其学问和修养就不到家。

---

## 【原文】11·21

子曰："论笃是与，君子者乎？色庄者乎？"

**[范译]**

孔子说："要是论定出自于你，是给那些有高见的人呢？还是给那些恭维自己的人呢？"

**[通译]**

孔子说："听到人议论笃实诚恳就表示赞许，但还应看他是真君子呢？还是伪装庄重的人呢？"

---

## 【原文】11·22

子路问："闻斯行诸？"子曰："有父兄在，如之何其闻斯行之？"冉有问："闻斯行诸？"子曰："闻斯行之。"公西华曰："由也问闻斯行诸，子曰，'有父兄在'；求也问闻斯行诸，子曰，'闻斯行之'。赤也惑，敢问。"子曰："求也退，故进之；由也兼人，故退之。"

**[范译]**

子路问："听说要离开了，是否收拾一下就走？"孔子说："在父兄这里，怎么能听到说走就走呢？"过了一会冉有来问："听说要离开了，现在去收拾一下吧？"孔子说："听说要走，马上就要去准备啊。"公西华问："由问听说要离开，是否收拾一下就走？老师说'有父兄在'；求也问听说要离开，现在去收拾一下吧？老师曰，'听说要走，就要去准备啊'。赤也困惑，能问一下

**[通译]**

子路问："听到了就行动起来吗？"孔子说："有父兄在，怎么能听到就行动起来呢？"冉有问："听到了就行动起来吗？"孔子说："听到了就行动起来。"公西华说："仲由问'听到了就行动起来吗？'你回答说'有父兄健在'，冉求问'听到了就行动起来吗？'你回答'听到了就行动起来'。我被弄糊涂了，敢再问个明白。"孔子说："冉求总是退缩，所以我鼓励他；仲

吗？"孔子曰："求是干什么都不愿意先于别人，故促进之；由是干什么都好事于前，故让他退后一步。"

由好勇过人，所以我约束他。"

## 【原文】11·23

子畏于匡，颜渊后。子曰："吾以女为死矣。"曰："子在，回何敢死？"

[范译]

孔子担心周文将丧，于是课后经常继续辅导，颜渊总是最后还在。孔子说："好啊！我讲到你想走的时候为止。"颜渊说："夫子还在教，我怎能说走就走啊？"

[通译]

孔子在匡地受到当地人围困，颜渊最后才逃出来。孔子说："我以为你已经死了呢。"颜渊说："夫子还活着，我怎么敢死呢？"

## 【原文】11·24

季子然问："仲由、冉求可谓大臣与？"子曰："吾以子为异之问，曾由与求之间。所谓大臣者，以道事君，不可则止。今由与求也，可谓具臣矣。"曰："然则从之者与？"子曰："弒父与君，亦不从也。"

[范译]

季子然问："仲由和冉求可以称为大臣吗？孔子说："我以为你这样问是在谦虚，大家都知道由与求是两个很典型的人。所谓大臣的职责就是能够以正道来事奉君主，不恰当的那么就要劝阻。目前来看，由和求这两个人，可以说是具备了为臣的条件。"季子然说："这样啊，那他们顺从与否？"孔子说："只要不是杀父、杀君，应该是没有不从的。"

[通译]

季子然问："仲由和冉求可以算是大臣吗？孔子说："我以为你是问别人，原来是问由和求呀。所谓大臣是能够用周公之道的要求来事奉君主，如果这样不行，他宁肯辞职不干。现在由和求这两个人，只能算是充数的臣子罢了。"季子然说："那么他们会一切都跟着季氏干吗？"孔子说："杀父亲、杀君主的事，他们也不会跟着干的。"

## 【原文】11·25

子路使子羔为费宰。子曰："贼夫人之子。"子路曰："有民人焉，有社稷焉，何必读书，然后为学？"子曰："是故恶夫佞者。"

**[范译]**

子路让子羔去做费地的长官。孔子说："误人子弟。"子路说："有为于百姓，有为于社稷，为什么非要读书，在适当的时候再学也可以啊？"孔子说："就是因为这样，所以才会产生恶夫佞者。"

**[通译]**

子路让子羔去做费地的长官。孔子说："这简直是害人子弟。"子路说："那个地方有老百姓，有社稷，治理百姓和祭祀神灵都是学习，难道一定要读书才算学习吗？"孔子说："所以我讨厌那种花言巧语狡辩的人。"

## 【原文】11·26

子路、曾皙、冉有、公西华侍坐。子曰："以吾一日长乎尔，毋吾以也。居则曰：'不吾知也！'如或知尔，则何以哉？"子路率尔而对曰："千乘之国，摄乎大国之间，加之以师旅，因之以饥馑，由也为之，比及三年，可使有勇，且知方也。"夫子哂之。"求，尔何如？"对曰："方六七十，如五六十，求也为之，比及三年，可使足民。如其礼乐，以俟君子。""赤，尔何如？"对曰："非曰能之，愿学焉。宗庙之事，如会同，端章甫，愿为小相焉。""点，尔何如？"鼓瑟希，铿尔，舍瑟而作，对曰："异乎三子者之撰。"子曰："何伤乎？亦各言其志也。"曰："莫春者，春服既成，冠者五六人，童子六七人，浴乎沂，风乎舞雩，咏而归。"夫子喟然叹曰："吾与点也！"三子者出，曾皙后。曾皙曰："夫三子者之言何如？"子曰："亦各言其志也已矣。"曰："夫子何哂由也？"曰："为国以礼。其言不让，是故哂之。""唯求则非邦也与？""安见方六七十如五六十而非邦也者？""唯赤则非邦也与？""宗庙会同，非诸侯而何？赤也为之小，孰能为之大？"

**[范译]**

子路、曾皙、冉有和公西华四个人陪孔子坐着。孔子说："平时每天都是我在长时间地讲，我今天想听听你们的。不为人知时往往都会说：'那是因为不任用我呀！'假如真有人要用你，你们会怎样做呢？"子路赶忙抢答："一个平常的小国，临以大国之间，常常受到别国的侵犯，因此而落的饥荒，让我去治理，只要三年，就可使其具有勇气，并且可以抵挡一方。"孔子听了，微微一笑。孔子点着问："冉求，你会怎么样呢？"冉求答道："方圆六七十里或五六十里之地，让我去治理，到了三年，就可使百姓富足。如要礼乐相加，就要等待君子来实现它了。"孔子又问："公西赤，你会怎么样呢？"公西赤答道："我不一定有这种才能，但是愿意学着去做。在国家交往方面，如会盟之中，我愿意穿着礼服，戴着礼帽，做一个小小的赞礼之人。"孔子最后问："点啊，你会怎么样呢？"这时曾皙弹瑟的声音逐渐放慢，"铿"的一声，陡然停弦，起身答道："我想的和他们三位杜撰的不一样。"孔子说："那有什么关系呢？不就是各人讲一下自己的志向而已。"曾皙说："暮春之时，春装已卸，

**[通译]**

子路、曾皙、冉有、公西华四个人陪孔子坐着。孔子说："我年龄比你们大一些，不要因为我年长而不敢说。你们平时总说：'没有人了解我呀！'假如有人了解你们，那你们要怎样去做呢？"子路赶忙回答："一个拥有一千辆兵车的国家，夹在大国中间，常常受到别的国家侵犯，加上国内又闹饥荒，让我去治理，只要三年，就可以使人们勇敢善战，而且懂得礼仪。"孔子听了，微微一笑。孔子又问："冉求，你怎么样呢？"冉求答道：国土有六七十里或五六十里见方的国家，让我去治理，三年以后，就可以使百姓饱暖。至于这个国家的礼乐教化，就要等君子来施行了。"孔子又问："公西赤，你怎么样？"公西赤答道："我不敢说能做到，而是愿意学习。在宗庙祭祀的活动中，或者在同别国的盟会中，我愿意穿着礼服，戴着礼帽，做一个小小的赞礼人。"孔子又问："曾点，你怎么样呢？"这时曾点弹瑟的声音逐渐放慢，接着"铿"的一声，离开瑟站起来，回答说："我想的和他们三位说的不一样。"孔子说："那有什么关系呢？也就是各人讲自己的志向而已。"曾皙说："暮

成年五六位，少年六七个，沐浴于沂河，尽情于舞雩，咏志而回归。"孔子长叹一声说："我与曾皙的想法一样啊。"子路、冉有、公西华三个人都出去了，曾皙留了下来。他问孔子说："他们三人讲的如何？"孔子说："也就是各自谈谈自己的志向罢了。"曾皙说："夫子为什么要笑仲由呢？"孔子说："国与国之间要讲礼让，可是他说的那些却是抵抗，所以我笑他。"曾皙又问："可不可以说冉求所讲的与国家无关呢？"孔子说："哪能说六七十里或五六十里的地方就与国家无关呢？"曾皙又问："可不可以说公西赤讲的也与国家无关呢？"孔子说："国家之会盟，这不是诸侯的事又是什么？像赤这样的人如果只能做一个小相，那谁又能做大相呢？"

春三月，已经穿上了春天的衣服，我和五六位成年人，六七个少年，去沂河里洗洗澡，在舞雩台上吹吹风，一路唱着歌走回来。"孔子长叹一声说："我是赞成曾皙的想法的。"子路、冉有、公西华三个人的都出去了，曾皙后走。他问孔子说："他们三人的话怎么样？"孔子说："也就是各自谈谈自己的志向罢了。"曾皙说："夫子为什么要笑仲由呢？"孔子说："治理国家要讲礼让，可是他说话一点也不谦让，所以我笑他。"曾皙又问："那么是不是冉求讲的不是治理国家呢？"孔子说："哪里见得六七十里或五六十里见方的地方就不是国家呢？"曾皙又问："公西赤讲的不是治理国家吗？"孔子说："宗庙祭祀和诸侯会盟，这不是诸侯的事又是什么？像赤这样的人如果只能做一个小相，那谁又能做大相呢？"

# 颜 渊 篇

颜渊问仁。子曰:"克己复礼为仁。一日克己复礼,天下归仁焉。为仁由己,而由人乎哉?"颜渊曰:"请问其目。"子曰:"非礼勿视,非礼勿听,非礼勿言,非礼勿动。"颜渊曰:"回虽不敏,请事斯语矣。"

**[范译]**

颜渊问怎样为仁。孔子说:"能够让自己符合于礼就是为仁。一旦都能克己复礼,天下就兴旺于仁了。为仁当为己任,何必在乎于他人呢?"颜渊说:"请问,为何要这样对待。"孔子说:"如果不能自己的话,不是那么有礼的也就看了,不是那么有礼的也就听了,不是那么有礼的也就说了,不是那么有礼的也就做了。"颜渊说:"我虽然不能马上做到,但我会要求自己凡事都能按照您所说的去做。"

**[通译]**

颜渊问怎样做才是仁。孔子说:"克制自己,一切都照着礼的要求去做,这就是仁。一旦这样做了,天下的一切就都归于仁了。实行仁德,完全在于自己,难道还在于别人吗?"颜渊说:"请问实行仁的条目。"孔子说:"不合于礼的不要看,不合于礼的不要听,不合于礼的不要说,不合于礼的不要做。"颜渊说:"我虽然愚笨,也要照您的这些话去做。"

**【原文】12·2**

仲弓问仁。子曰："出门如见大宾，使民如承大祭；己所不欲，勿施于人；在邦无怨，在家无怨。"仲弓曰："雍虽不敏，请事斯语矣。"

**[范译]**

仲弓问怎样为仁。孔子说："出门如同去见大宾，凡事如同承办大祭；自己有所不欲，还能让于他人；在朝廷之上无人指责；在大夫之家无人责备。"仲弓说："我虽然不能马上做到，但我会要求自己凡事都能按照您所说的去做。"

**[通译]**

仲弓问怎样做才是仁。孔子说："出门办事如同去接待贵宾，使唤百姓如同去进行重大的祭祀，（都要认真严肃。）自己不愿意要的，不要强加于别人；做到在诸侯的朝廷上没人怨恨（自己）；在卿大夫的封地里也没人怨恨（自己）。"仲弓说："我虽然笨，也要照您的话去做。"

**【原文】12·3**

司马牛问仁。子曰："仁者，其言也讱。"曰："其言也讱，斯谓之仁已乎？"子曰："为之难，言之得无讱乎？"

**[范译]**

司马牛问怎样为仁。孔子说："仁之表现在于其言语显得比较谦和。"司马牛说："那么说话谦和一些，就可以称得上为仁了吧？"孔子说："为仁是很难的，因此在言语上能不谨慎一些吗？"

**[通译]**

司马牛问怎样做才是仁。孔子说：仁人说话是慎重的。"司马牛说："说话慎重，这就叫作仁了吗？"孔子说："做起来很困难，说起来能不慎重吗？"

**【原文】12·4**

司马牛问君子。子曰："君子不忧不惧。"曰："不忧不惧，斯谓之君子已乎？"子曰："内省不疚，夫何忧何惧？"

[范译]

司马牛问何为君子。孔子说:"君子没有忧愁,从不畏惧。"司马牛说:"不忧愁,不畏惧,就可以称为君子吗?"孔子说:"问心无愧,那么又有何忧,又有何惧呢?"

[通译]

司马牛问怎样做一个君子。孔子说:"君子不忧愁,不恐惧。"司马牛说:"不忧愁,不恐惧,这样就可以叫作君子了吗?"孔子说:"自己问心无愧,那还有什么忧愁和恐惧呢?"

【原文】12·5

司马牛忧曰:"人皆有兄弟,我独亡。"子夏曰:"商闻之矣:死生有命,富贵在天。君子敬而无失,与人恭而有礼,四海之内,皆兄弟也。君子何患乎无兄弟也?"

[范译]

司马牛忧愁地说:"别人都有兄弟,唯独我却一直没有。"子夏说:"我听说过这事了,生死有命,富贵在天,君子是能正确对待而没有失落感的,只要与人谦恭而有礼,你四周的人都会像兄弟一样。君子怎么会担心一直没有兄弟呢?"

[通译]

司马牛忧愁地说:"别人都有兄弟,唯独我没有。"子夏说:"我听说过:'死生有命,富贵在天。'君子只要对待所做的事情严肃认真,不出差错,对人恭敬而合乎于礼的规定,那么,天下人就都是自己的兄弟了。君子何愁没有兄弟呢?"

【原文】12·6

子张问明。子曰:"浸润之谮,肤受之愬,不行焉,可谓明也已矣。浸润之谮,肤受之愬,不行焉,可谓远也已矣。"

**[范译]**

子张问何为明智。孔子说："暗中的挑拨，直接的诽谤，怎么都不去行，就可以称为明了。暗中挑拨，直接的诽谤，怎么都行不通，就可以称为高明了。"

**[通译]**

子张问怎样做才算是明智的。孔子说："像水润物那样暗中挑拨的坏话，像切肤之痛那样直接的诽谤，在你那里都行不通，那你可以算是明智的了。暗中挑拨的坏话和直接的诽谤，在你那里都行不通，那你可以算是有远见的了。"

---

## 【原文】12·7

子贡问政。子曰："足食，足兵，民信之矣。"子贡曰："必不得已而去，于斯三者何先？"曰："去兵。"子贡曰："必不得已而去，于斯二者何先？"曰："去食。自古皆有死，民无信不立。"

**[范译]**

子贡问如何为政。孔子说："充足食物，充足军备，得到百姓的信任。"子贡说："假如不得已要去掉什么的话，那么在这三者中可以去掉哪一项呢？"孔子说："失去充足的军备。"子贡说："假如不得已再失去的话，那么在剩下的两项中去掉哪一项呢？"孔子说："去掉充足的食物。自古皆有用度不足的时候，要是失去了百姓的信任，那么就失去了为政的根本。"

**[通译]**

子贡问怎样治理国家。孔子说："粮食充足，军备充足，老百姓信任统治者。"子贡说："如果不得不去掉一项，那么在三项中先去掉哪一项呢？"孔子说："去掉军备。"子贡说："如果不得不再去掉一项，那么这两项中去掉哪一项呢？"孔子说："去掉粮食。自古以来人总是要死的，如果老百姓对统治者不信任，那么国家就不能存在了。"

---

## 【原文】12·8

棘子成曰："君子质而已矣，何以文为？"子贡曰："惜乎夫子之说君子也！驷不及舌。文犹质也，质犹文也，虎豹之鞹犹犬羊之鞹。"

**[范译]**

棘子成说："君子只要具备好的本质就行了，何必加以表面的修饰呢？"子贡说："太遗憾了啊，夫子您是这样理解君子。一言既出，驷马难追。文是质的表象，质是文的内涵。比如去掉毛之后的虎豹之皮，就犹如去掉毛之后的犬羊之皮。"

**[通译]**

棘子成说："君子只要具有好的品质就行了，要那些表面的仪式干什么呢？"子贡说："真遗憾，夫子您这样谈论君子。一言既出，驷马难追。本质就像文采，文采就像本质，都是同等重要的。去掉了毛的虎、豹皮，就如同去掉了毛的犬、羊皮一样。"

---

## 【原文】12·9

哀公问于有若曰："年饥，用不足，如之何？"有若对曰："盍彻乎？"曰："二，吾犹不足，如之何其彻也？"对曰："百姓足，君孰与不足？百姓不足，君孰与足？"

**[范译]**

鲁哀公问有若说："年成饥馑，用度不足，如何对待？"有若回答说："何不减免一些费用呢？"哀公说："就像现在这样，我都还觉得不够用，怎么能再减免呢？"有若说："百姓足的话，能不与君足吗？百姓不足的话，能与君足吗？"

**[通译]**

鲁哀公问有若说："遭了饥荒，国家用度困难，怎么办？"有若回答说："为什么不实行彻法，只抽十分之一的田税呢？"哀公说：现在抽十分之二，我还不够，怎么能实行彻法呢？"有若说："如果百姓的用度够，您怎么会不够呢？如果百姓的用度不够，您怎么又会够呢？"

---

## 【原文】12·10

子张问崇德辨惑。子曰："主忠信，徙义，崇德也。爱之欲其生，恶之欲其死。既欲其生，又欲其死，是惑也。'诚不以富，亦祗以异。'"

**[范译]**

子张问道德修养和辨识迷惑。孔子说："以忠信为主导，以道义为目标，这就是崇德。值得爱的就要让其生发，使人恶的就要让其终结，既想让其生，又想让其死，就是迷惑。正如《诗》中所说：'诚不以富，亦祗以异（既欲其富有，又欲其异能）。'"

**[通译]**

子张问怎样提高道德修养水平和辨别是非迷惑的能力。孔子说："以忠信为主，使自己的思想合于义，这就是提高道德修养水平了。爱一个人，就希望他活下去，厌恶起来就恨不得他立刻死去，既要他活，又要他死，这就是迷惑。（正如《诗》所说的：）'即使不是嫌贫爱富，也是喜新厌旧。'"

## 【原文】12·11

齐景公问政于孔子。孔子对曰："君君、臣臣、父父、子子。"公曰："善哉！信如君不君，臣不臣，父不父，子不子，虽有粟，吾得而食诸？"

**[范译]**

齐景公问孔子如何为政。孔子说："君有君像，臣有臣像，父有父像，子有子像。"齐景公说："这一点讲得在理！如果说是君不像君，臣不像臣，父不像父，子不像子，即便是一点粟米，我有本事得到并吃上吗？"

**[通译]**

齐景公问孔子如何治理国家。孔子说："做君主的要像君的样子，做臣子的要像臣的样子，做父亲的要像父亲的样子，做儿子的要像儿子的样子。"齐景公说："讲得好呀！如果君不像君，臣不像臣，父不像父，子不像子，虽然有粮食，我能吃得上吗？"

## 【原文】12·12

子曰："片言可以折狱者，其由也与？"子路无宿诺。

[范译]

孔子说："几句话就能搞定的事情，为什么还是那样呢（由能做到这样吗）？"从此之后，子路办事再也不以明天来推脱了。

[通译]

孔子说："只听了单方面的供词就可以判决案件的，大概只有仲由吧。"子路说话没有不算数的时候。

---

【原文】12·13

子曰："听讼，吾犹人也。必也使无讼乎！"

[范译]

孔子说："听断诉讼，我也会像他人一样。但是我所追求的结果是使其不再诉讼！"

[通译]

孔子说："审理诉讼案件，我同别人也是一样的。重要的是必须使诉讼的案件根本不发生！"

---

【原文】12·14

子张问政。子曰："居之无倦，行之以忠。"

[范译]

子张问从政。孔子说："蓄势待发之时不要懈怠，付诸行动之后要集中精力。"

[通译]

子张问如何治理政事。孔子说："居于官位不懈怠，执行君令要忠实。"

---

【原文】12·15

子曰："博学于文，约之以礼，亦可以弗畔矣夫！"
注：本章重出，见《雍也篇》6·27。

【原文】12·16

子曰："君子成人之美，不成人之恶。小人反是。"

[范译]

孔子说:"君子成全别人的好事,而不助长别人的恶行。小人则与之相反。"

[通译]

孔子说:"君子成全别人的好事,而不助长别人的恶处。小人则与此相反。"

## 【原文】12·17

季康子问政于孔子。孔子对曰:"政者正也。子帅以正,孰敢不正?"

[范译]

季康子问孔子何为政。孔子回答说:"政的意思就是正派啊。您带头为正,那么有谁能不正派呢?"

[通译]

季康子问孔子如何治理国家。孔子回答说:"政就是正的意思。您本人带头走正路,那么还有谁敢不走正道呢?"

## 【原文】12·18

季康子患盗,问于孔子。孔子对曰:"苟子之不欲,虽赏之不窃。"

[范译]

季康子受到窃据的困扰,问孔子怎么办。孔子回答说:"假如你自己没有这样的想法,即使你得赏再多,也不会有窃位的烦恼。"

[通译]

季康子担忧盗窃,问孔子怎么办。孔子回答说:"假如你自己不贪图财利,即使奖励偷窃,也没有人偷盗。"

## 【原文】12·19

季康子问政于孔子曰:"如杀无道,以就有道,何如?"孔子对曰:"子为政,焉用杀?子欲善而民善矣。君子之德风,人小之德草,草上之风,必偃。"

**[范译]**

季康子问孔子如何为政,说:"如果以杀无道的方式,来逼迫人们走上正道,如何?"孔子说:"以您的身份来为政,何必用杀呢?只要您心存善念,那么民众也就会跟着行善了。君子的品德好比风,凡人的品德好比草,风吹到草上,草就必定跟着偃仰。"

**[通译]**

季康子问孔子如何治理政事,说:"如果杀掉无道的人来成全有道的人,怎么样?"孔子说:"您治理政事,哪里用得着杀戮的手段呢?您只要想行善,老百姓也会跟着行善。在位者的品德好比风,在下的人的品德好比草,风吹到草上,草就必定跟着倒。"

**【原文】12·20**

子张问:"士何如斯可谓之达矣?"子曰:"何哉,尔所谓达者?"子张对曰:"在邦必闻,在家必闻。"子曰:"是闻也,非达也。夫达也者,质直而好义,察言而观色,虑以下人。在邦必达,在家必达。夫闻也者,色取仁而行违,居之不疑。在邦必闻,在家必闻。"

**[范译]**

子张问:"士怎样方可称为贤达?"孔子说:"你在此所说的贤达指什么?"子张答道:"在国,对国事必有所闻;在家,对家事必有所闻。"孔子说:"这只是有所闻而已,而非达之所能。但凡贤达的表现在于:品行正直且声张正义,洞察言辞且观望风向,悉虑之后再下达于人。是为在邦必达,在家必达。但凡有所闻者只会以色取人而不问道理,还处之不疑。这就是所谓的在邦必闻,在家必闻。"

**[通译]**

子张问:"士怎样才可以叫作通达?"孔子说:"你说的通达是什么意思?"子张答道:"在国君的朝廷里必定有名望,在大夫的封地里也必定有名声。"孔子说:"这只是虚假的名声,不是通达。所谓达,那是要品质正直,遵从礼义,善于揣摩别人的话语,对察别人的脸色,经常想着谦恭待人。这样的人,就可以在国君的朝廷和大夫的封地里通达。至于有虚假名声的人,只是外表上装出的仁的样子,而行动上却正是违背了仁,自己还以仁人自居不惭愧。但他无论在国君的朝廷里和大夫的封地里都必定会有名声。"

**【原文】12·21**

樊迟从游于舞雩之下，曰："敢问崇德、修慝、辨惑。"子曰："善哉问！先事后得，非崇德与？攻其恶，无攻人之恶，非修慝与？一朝之忿，忘其身，以及其亲，非惑与？"

**[范译]**

樊迟跟从孔子游于舞雩台下，说："能问一下，如何崇尚道德？如何修正差错？如何辨识迷惑？"孔子说："你的这些问题问得好！做事在前，获得在后，不就是崇德吗？找其差错本身的不善，而不要指责他人的不善？不就是修慝吗？一旦发起怒来，就忘掉了自己的身份，最后伤及到周围的人，这不就是迷惑吗？"

**[通译]**

樊迟陪着孔子在舞雩台下散步，说："请问怎样提高品德修养？怎样改正自己的邪念？怎样辨别迷惑？"孔子说："问得好！先努力致力于事，然后才有所收获，不就是提高品德了吗？检讨自己的邪念了吗？由于一时的气愤，就忘记了自身的安危，以至于牵连自己的亲人，这不就是迷惑吗？"

**【原文】12·22**

樊迟问仁。子曰："爱人。"问知。子曰："知人。"樊迟未达。子曰："举直错诸枉，能使枉者直。"樊迟退，见子夏曰："乡也吾见于夫子而问知，子曰'举直错诸枉，能使枉者直'，何谓也？"子夏曰："富哉言乎！舜有天下，选于众，举皋陶，不仁者远矣。汤有天下，选于众，举伊尹，不仁者远矣。"

**[范译]**

樊迟问什么为仁。孔子说："能爱人。"樊迟问什么是智，孔子说："能用人。"樊迟一时还未领会。孔子说："举直错诸枉，能使枉者直。"樊迟退出来时，见到子夏就说："向时我见到老师，问到了智，他说'举直错诸枉，能使枉者直'。这说的是什么？"子夏说："这话说得多

**[通译]**

樊迟问什么是仁。孔子说："爱人。"樊迟问什么是智，孔子说："了解人。"樊迟还不明白。孔子说："选拔正直的人，罢黜邪恶的人，这样就能使邪者归正。"樊迟退出来，见到子夏说："刚才我见到老师，问他什么是智，他说'选拔正直的人，罢黜邪恶的人，这样就能使邪者归

好呀！舜有天下之后，身边选懦仁弱的人很多，举用皋陶之后，不仁的现象就看不到了。汤有天下之后，身边选懦仁弱的人也很多，举用伊尹之后，不仁的现象就看不到了。

正。这是什么意思？"子夏说："这话说得多么深刻呀！舜有天下，在众人中逃选人才，把皋陶选拔出来，不仁的人就被疏远了。汤有了天下，在众人中挑选人才，把伊尹选拔出来，不仁的人就被疏远了。"

## 【原文】12·23

子贡问友。子曰："忠告而善道之，不可则止，毋自辱焉。"

**[范译]**

子贡问如何帮助他人。孔子说："忠诚地劝告并且要有好的方法，如果不听就停止，不要自取其辱。"

**[通译]**

子贡问怎样对待朋友。孔子说："忠诚地劝告他，恰当地引导他，如果不听也就罢了，不要自取其辱。"

## 【原文】12·24

曾子曰："君子以文会友，以友辅仁。"

**[范译]**

曾子说："君子互相修饰以礼，通过互相帮助来培养自己的仁德。"

**[通译]**

曾子说："君子以文章学问来结交朋友，依靠朋友帮助自己培养仁德。"

# 子 路 篇

【原文】13·1

子路问政。子曰："先之劳之。"请益。曰："无倦。"

**[范译]**

子路问从政。孔子说："以工作为重，勤奋而努力。"子路又追问。孔子说："不懈怠。"

**[通译]**

子路问怎样管理政事。孔子说："做在老百姓之前，使老百姓勤劳。"子路请求多讲一点。孔子说："不要懈怠。"

【原文】13·2

仲弓为季氏宰，问政。子曰："先有司，赦小过，举贤才。"曰："焉知贤才而举之？"曰："举尔所知。尔所不知，人其舍诸？"

**[范译]**

仲弓做了季氏的家臣，问怎样为政。孔子说："重大德，容小过，推贤才。"仲弓又问："怎样知道贤才而推举呢？"孔子说："你对推举的人一定要有所了解，你要是无

**[通译]**

仲弓做了季氏的家臣，问怎样管理政事。孔子说："先责成手下负责具体事务的官吏，让他们各负其责，赦免他们的小过错，选拔贤才来任职。"仲弓又问："怎样知道是贤才

所了解，人才不就因此而埋没了吗？"

而把他们选拔出来呢？"孔子说："选拔你所知道的，至于你不知道的贤才，别人难道还会埋没他们吗？"

## 【原文】13·3

子路曰："卫君待子而为政，子将奚先？"子曰："必也正名乎！"子路曰："有是哉，子之迂也！奚其正？"子曰："野哉，由也！君子于其所不知，盖阙如也。名不正则言不顺，言不顺则事不成，事不成则礼乐不兴，礼乐不兴则刑罚不中，刑罚不中，则民无所措手足。故君子名之必可言也，言之必可行也。君子于其言，无所苟而已矣。"

### [范译]

子路对孔子说："卫国的国君留您并且让您为政，您最看重的会是什么？"孔子说："无论怎样必须正以名分。"子路说："非要这样啊，您也太迂腐了！何必非要正以名分呢？"孔子说："仲由啊，你真是想当然啊。君子如果不知其所在，那么干什么都不合逻辑啊。名分不正，那么说起话来就没有分量；说话没有分量，那么事情就办不成；事情办不成，那么礼乐也就不能兴旺；礼乐不兴盛，那么刑罚就不中用；刑罚不中用，那么百姓就手足无措了。因此，君子必然要有正当的名分可言，言之就必然可行。此外，君子有了这样的名分，也就不能苟且于己了。"

### [通译]

子路（对孔子）说："卫国国君要您去治理国家，您打算先从哪些事情做起呢？"孔子说："首先必须正名分。"子路说："有这样做的吗？您想得太不合时宜了。这名怎么正呢？"孔子说："仲由，真粗野啊。君子对于他所不知道的事情，总是采取存疑的态度。名分不正，说起话来就不顺当合理，说话不顺当合理，事情就办不成。事情办不成，礼乐也就不能兴盛。礼乐不能兴盛，刑罚的执行就不会得当。刑罚不得当，百姓就不知怎么办好。所以，君子一定要定下一个名分，必须能够说得明白，说出来一定能够行得通。君子对于自己的言行，是从不马马虎虎对待的。"

**【原文】13·4**

樊迟请学稼。子曰:"吾不如老农。"请学为圃。曰:"吾不如老圃。"樊迟出。子曰:"小人哉,樊须也!上好礼,则民莫敢不敬,上好义,则民莫敢不服;上好信,则民莫敢不用情。夫如是,则四方之民襁负其子而至矣,焉用稼?"

**[范译]**

樊迟请孔子谈一谈种庄稼,孔子说:"我不如老农。"樊迟又请孔子谈一谈种瓜果蔬菜,孔子说:"我也不如老圃。"樊迟退出以后,孔子说:"什么是狭隘之人,像樊迟这样就是啊!我们将礼乐维持好了,那么民众中就没有谁敢不敬;将道义维持好了,那么民众中就没有谁敢不服;将信用维持好了,那么民众中就没有谁敢不用情了。如果这样的话,那么四面八方的民众就会背着自己的小孩投奔而来了,怎能将自己的才能用于稼呢?"

**[通译]**

樊迟向孔子请教如何种庄稼。孔子说:"我不如老农。"樊迟又请教如何种菜。孔子说:"我不如老菜农。"樊迟退出以后,孔子说:"樊迟真是小人。在上位者只要重视礼,老百姓就不敢不敬畏;在上位者只要重视义,老百姓就不敢不服从;在上位的人只要重视信,老百姓就不敢不用真心实情来对待你。要是做到这样,四面八方的老百姓就会背着自己的小孩来投奔,哪里用得着自己去种庄稼呢?"

**【原文】13·5**

子曰:"诵《诗》三百,授之以政,不达;使于四方,不能专对。虽多,亦奚以为?"

**[范译]**

孔子说:"诵得《诗》三百,授权行使政务,不能完成;作为外交使节,不能单独应对。即使读的再多,又有何作为呢?"

**[通译]**

孔子说:"把《诗》三百篇背得很熟,让他处理政务,却不会办事;让他当外交使节,不能独立地办交涉;背得很多,又有什么用呢?"

## 【原文】13 · 6

子曰："其身正，不令而行；其身不正，虽令不从。"

[范译]

孔子说："如果正之以身，不用号令也会跟着上道，如果不正之以身，即使号令也不会服从。"

[通译]

孔子说："自身正了，即使不发布命令，老百姓也会去干，自身不正，即使发布命令，老百姓也不会服从。"

## 【原文】13 · 7

子曰："鲁卫之政，兄弟也。"

[范译]

孔子说："鲁国和卫国之政道，就像兄弟一样，可以比照。"

[通译]

孔子说："鲁和卫两国的政事，就像兄弟（的政事）一样。"

## 【原文】13 · 8

子谓卫公子荆："善居室。始有，曰：'苟合矣。'少有，曰：'苟完矣。'富有，曰：'苟美矣。'"

[范译]

孔子谈到卫国的公子荆时说："他善于积蓄家产。刚开始积蓄时，他说：'勉强收集了一点吧。'稍为有一点时，他说：'勉强具备了一点吧。'等到殷实之时，他说：'勉强都有了吧。'"

[通译]

孔子谈到卫国的公子荆时说："他善于管理经济，居家理财。刚开始有一点，他说：'差不多也就够了。'稍为多一点时，他说：'差不多就算完备了。'更多一点时，他说：'差不多算是完美了。'"

## 【原文】13 · 9

子适卫，冉有仆。子曰："庶矣哉！"冉有曰："既庶矣，又何加焉？"曰："富之。"曰："既富矣，又何加焉？"曰："教之。"

[范译]

孔子往卫国去，冉有仆从。孔子说："现在的人口已经多了起来呀！"冉有说："要是人口能持续下去，又要做些什么呢？"孔子说："使其富裕。"冉有说："要是富裕能持续下去，又要做些什么呢？"孔子说："加以教化。"

[通译]

孔子到卫国去，冉有为他驾车。孔子说："人口真多呀！"冉有说："人口已经够多了，还要再做什么呢？"孔子说："使他们富起来。"冉有说："富了以后又还要做些什么？"孔子说："对他们进行教化。"

## 【原文】13·10

子曰："苟有用我者，期月而已可也，三年有成。"

[范译]

孔子说："如果有人用我的话，一年之内便能取得一般效果，三年之内大有成效。"

[通译]

孔子说："如果有人用我治理国家，一年便可以搞出个样子，三年就一定会有成效。"

## 【原文】13·11

子曰："'善人为邦百年，亦可以胜残去杀矣。'诚哉是言也！"

[范译]

孔子说："'明君会长久地治理国家，只有这样才能免除那些自相残杀的行为啊。'这话说得真是实在呀！"

[通译]

孔子说："善人治理国家，经过一百年，也就可以消除残暴，废除刑罚杀戮了。这话真对呀！"

## 【原文】13·12

子曰："如有王者，必世而后仁。"

**[范译]**

孔子说："真要得到王道，必须经过世代的传承而最终成仁。"

**[通译]**

孔子说："如果有王者兴起，也一定要三十年才能实现仁政。"

## 【原文】13·13

子曰："苟正其身矣，于从政乎何有？不能正其身，如正人何？"

**[范译]**

孔子说："如果自身的品行端正了，对于从政来说还有什么不能？自身的品行不端正，如何让人品行端正呢？"

**[通译]**

孔子说："如果端正了自身的行为，管理政事还有什么困难呢？如果不能端正自身的行为，怎能使别人端正呢？"

## 【原文】13·14

冉子退朝。子曰："何晏也？"对曰："有政。"子曰："其事也？如有政，虽不吾以，吾其与闻之。"

**[范译]**

冉求退朝回来，孔子说："为什么回来得这么晚呀？"冉求说："有些政事。"孔子说："什么事忙成这样啊？真要有那么些政事，即使我帮不上忙，也应该让我知道是些什么事吧。"

**[通译]**

冉求退朝回来，孔子说："为什么回来得这么晚呀？"冉求说："有政事。"孔子说："只是一般的事务吧？如果有政事，虽然国君不用我了，我也会知道的。"

## 【原文】13·15

定公问："一言而可以兴邦，有诸？"孔子对曰："言不可以若是，其几也。人之言曰：'为君难，为臣不易。'如知为君之难也，不几乎一言而兴邦乎？"曰："一言而丧邦，有诸？"孔子对曰："言不可以若是，其几也。人之言曰：'予无乐乎为君，唯其言而莫予违也。'如其善而莫之违也，不亦善乎？如不善而莫之违也，不几乎一言而丧邦乎？"

**[范译]**

鲁定公问："一番言论就可以使国家兴旺，能这么说吗？"孔子答道："话虽不能这样说，但也几近于此。人常说：'做君难，做臣也不易。'如果道出了为君之难处，这不几近于一番言论便可以使国家兴旺吗？"鲁定公又问："一番言论就使国家陷入困境，能这么说吗？"孔子答道："话虽不能这样说，但也几近于此。人常说：'我不一定能让君高兴，所以于君之言就不予违抗。'如果君所说的是那么一回事而不违抗，那当然好啊？如果君所说的不是那么一回事而不违抗，这不几近于一番言论便可以使国家陷入困境吗？"

**[通译]**

鲁定公问："一句话就可以使国家兴盛，有这样的话吗？"孔子答道："不可能有这样的话，但有近乎于这样的话。有人说：'做君难，做臣不易。'如果知道了做君的难，这不近乎于一句话可以使国家兴盛吗？"鲁定公又问："一句话可以亡国，有这样的话吗？"孔子回答说："不可能有这样的话，但有近乎这样的话。有人说过：'我做君主并没有什么可高兴的，我所高兴的只在于我所说的话没有人敢于违抗。'如果说得对而没有人违抗，不也好吗？如果说得不对而没有人违抗，那不就近乎于一句话可以亡国吗？"

**【原文】13·16**

叶公问政。子曰："近者悦，远者来。"

**[范译]**

叶公问如何为政。孔子说："近处的感觉舒畅，远处的想着前来。"

**[通译]**

叶公问孔子怎样管理政事。孔子说："使近处的人高兴，使远处的人来归附。"

**【原文】13·17**

子夏为莒父宰，问政。子曰："无欲速，无见小利。欲速则不达，见小利则大事不成。"

**[范译]**

　　子夏做了莒父的总管，问孔子如何为政。孔子说："不要追求速度，不要贪图小利。求快就顾及不了全面，贪图小利就会耽误大事。"

**[通译]**

　　子夏做莒父的总管，问孔子怎样办理政事。孔子说："不要求快，不要贪求小利。求快反而达不到目的，贪求小利就做不成大事。"

## 【原文】13·18

　　叶公语孔子曰："吾党有直躬者，其父攘羊，而子证之。"孔子曰："吾党之直者异于是：父为子隐，子为父隐，直在其中矣。"

**[范译]**

　　叶公跟孔子说："我的乡亲们行为都十分正直，有位父亲将混入自家羊群中羊往家里赶，而儿子却指出这羊不属于自己。"孔子说："我的乡亲们在正直方面的表现与你说的不一样：父亲要为儿子隐瞒，儿子要为父亲隐瞒，直应该体现在这里面啊。"

**[通译]**

　　叶公告诉孔子说："我的家乡有个正直的人，他的父亲偷了人家的羊，他告发了父亲。"孔子说："我家乡的正直的人和你讲的正直人不一样：父亲为儿子隐瞒，儿子为父亲隐瞒。正直就在其中了。"

## 【原文】13·19

　　樊迟问仁。子曰："居处恭，执事敬，与人忠。虽之夷狄，不可弃也。"

**[范译]**

　　樊迟问如何为仁。孔子说："生活规规矩矩，工作尽心尽力，对人忠心耿耿。即使在无人在意的情况下，也不可以放弃。"

**[通译]**

　　樊迟问怎样才是仁。孔子说："平常在家规规矩矩，办事严肃认真，待人忠心诚意。即使到了夷狄之地，也不可背弃。"

## 【原文】13·20

子贡问曰:"何如斯可谓之士矣?"子曰:"行己有耻,使于四方,不辱君命,可谓士矣。"曰:"敢问其次。"曰:"宗族称孝焉,乡党称弟焉。"曰"敢问其次。"曰:"言必信,行必果,硁硁然小人哉!抑亦可以为次矣。"曰:"今之从政者何如?"子曰:"噫!斗筲之人,何足算也。"

**[范译]**

子贡问:"如何才可以称为士?"孔子说:"行为举止要有羞耻之心,出使四方,才能不辱君命,其可称为士吧。"子贡说:"除此之外,还有什么可以称为士呢?"孔子说:"宗族中的人称赞他孝顺父母,乡亲们称他尊敬兄长。"子贡又问:"再其次呢?"孔子说:"说话必定有信,行事非有结果,哪怕是固执己见,这也许可以说是再其次的了。"子贡说:"现在从政的人中有多少可以称为士?"孔子说:"唉!斗大的箩筐装人,再怎么满算也就那几个啊。"

**[通译]**

子贡问道:"怎样才可以叫作士?"孔子说:"自己在做事时有知耻之心,出使外国各方,能够完成君主交付的使命,可以叫作士。"子贡说:"请问次一等的呢?"孔子说:"宗族中的人称赞他孝顺父母,乡党们称他尊敬兄长。"子贡又问:"请问再次一等的呢?"孔子说:"说到一定做到,做事一定坚持到底,不问是非地固执己见,那是小人啊。但也可以说是再次一等的士了。"子贡说:"现在的执政者,您看怎么样?"孔子说:"唉!这些器量狭小的人,哪里能数得上呢?"

## 【原文】13·21

子曰:"不得中行而与之,必也狂狷乎!狂者进取,狷者有所不为也。"

**[范译]**

孔子说:"不能以中庸之道而行事,其结果必然是好高骛远或拘谨自守。好高骛远的表现是超乎所能;拘谨自守的表现是能做的却不去做。"

**[通译]**

孔子说:"我找不到奉行中庸之道的人和他交往,只能与狂者、狷者相交往了。狂者敢作敢为,狷者对有些事是不肯干的。"

**【原文】13 · 22**

子曰："南人有言曰：'人而无恒，不可以作巫医。'善夫！""不恒其德，或承之羞。"子曰："不占而已矣。"

**[范译]**

孔子说："常言道：'有本事但是没有寻常心，就不适合当巫医。'这话说得有点道理啊！""不恒之以德或承受那种羞辱。"孔子说："恐怕还没有开始占卦就把持不住了。"

**[通译]**

孔子说："南方人有句话说：'人如果做事没有恒心，就不能当巫医。'这句话说得真好啊！""人不能长久地保存自己的德行，免不了要遭受耻辱。"孔子说："（这句话是说，没有恒心的人）用不着去占卦了。"

**【原文】13 · 23**

子曰："君子和而不同，小人同而不和。"

**[范译]**

孔子说："君子和睦而不苟同，小人苟同而不和睦。"

**[通译]**

孔子说："君子讲求和谐而不同流合污，小人只求完全一致，而不讲求协调。"

**【原文】13 · 24**

子贡问曰："乡人皆好之，何如？"子曰："未可也。""乡人皆恶之，何如？"子曰："未可也。不如乡人之善者好之，其不善者恶之。"

**[范译]**

子贡问孔子说："一向都有人说他好，这个人真的就好吗？"孔子说："这还难以认可啊。"子贡又问孔子说："一向都有人厌恶他，这个人真的就恶吗？"孔子说："这也难以认可啊，不如说一向是些好人都喜欢他，一向是些坏人都嫉恨他。"

**[通译]**

子贡问孔子说："全乡人都喜欢、赞扬他，这个人怎么样？"孔子说："这还不能肯定。"子贡又问孔子说："全乡人都厌恶、憎恨他，这个人怎么样？"孔子说："这也是不能肯定的。最好的人是全乡的好人都喜欢他，全乡的坏人都厌恶他。"

**【原文】13·25**

子曰："君子易事而难说也。说之不以道，不说也；及其使人也，器之。小人难事而易说也。说之虽不以道，说也；及其使人也，求备焉。"

**[范译]**

孔子说："君子容易服侍，但是却难以说服。说的不在道理，就不可能说通；另外在使用人的方面，凡事差不多即可。小人难以服侍，但是却很容易说服。即使说的不在道理，也能将其说通；另外在使用人的方面，凡事都爱求全责备。"

**[通译]**

孔子说："为君子办事很容易，但很难取得他的欢喜。不按正道去讨他的喜欢，他是不会喜欢的。但是，当他使用人的时候，总是量才而用人；为小人办事很难，但要取得他的欢喜则是很容易的。不按正道去讨他的喜欢，也会得到他的喜欢。但等到他使用人的时候，却是求全责备。"

**【原文】13·26**

子曰："君子泰而不骄，小人骄而不泰。"

**[范译]**

孔子说："君子高尚，但是不骄傲；小人骄傲，但是不高尚。"

**[通译]**

孔子说："君子安静坦然而不傲慢无礼，小人傲慢无礼而不安静坦然。"

**【原文】13·27**

子曰："刚、毅、木、讷近仁。"

**[范译]**

孔子说："刚强、果敢、朴实、谨慎，皆相近于仁。"

**[通译]**

孔子说："刚强、果敢、朴实、谨慎，这四种品德接近于仁。"

## 【原文】13·28

子路问曰："何如斯可谓之士矣？"子曰："切切偲偲，怡怡如也，可谓士矣。朋友切切偲偲，兄弟怡怡。"

**[范译]**

子路问孔子："如何方可谓之士呢？"孔子说："相互敬重，相互勉励，和和气气，就可以谓之士了。朋友之间相互敬重、相互勉励，兄弟之间和和气气。"

**[通译]**

子路问孔子道："怎样才可以称为士呢？"孔子说："互助督促勉励，相处和和气气，可以算是士了。朋友之间互相督促勉励，兄弟之间相处和和气气。"

## 【原文】13·29

子曰："善人、教民、七年，亦可以即戎矣。"

**[范译]**

孔子说："有一批能人、有受过训练的民众、有多年的收成，才可以开始用兵作战。"

**[通译]**

孔子说："善人教练百姓用七年的时候，也就可以叫他们去当兵打仗了。"

## 【原文】13·30

子曰："以不教民战，是谓弃之。"

**[范译]**

孔子说："用没有受过训练的民众去作战，这可以说是送命于战场。"

**[通译]**

孔子说："如果不先对老百姓进行作战训练，这就叫抛弃他们。"

# 宪 问 篇

【原文】14·1

宪问耻。子曰：“邦有道，谷；邦无道，谷，耻也。”“克、伐、怨、欲，不行焉，可以为仁矣？”子曰：“可以为难矣，仁则吾不知也。”

**[范译]**

原宪问孔子何为耻。孔子说：“国家有道，同心协力；国家无道，同流合污，就是一种耻辱。”又问：“好胜、自夸、怨恨和贪欲皆不行为的话，就可以说是为仁了吧？”孔子说：“可以说是难以做到，但是否为仁，我就不好说了。”

**[通译]**

原宪问孔子什么是可耻。孔子说：“国家有道，做官拿俸禄；国家无道，还做官拿俸禄，这就是可耻。”原宪又问：“好胜、自夸、怨恨、贪欲都没有的人，可以算做到仁了吧？”孔子说：“这可以说是很难得的，但至于是不是做到了仁，那我就不知道了。”

【原文】14·2

子曰：“士而怀居，不足以为士矣。”

[范译]

孔子说："士若深居简出，就不足以为士了。"

[通译]

孔子说："士如果留恋家庭的安逸生活，就不配做士了。"

## 【原文】14·3

子曰："邦有道，危言危行；邦无道，危行言孙。"

[范译]

孔子说："国家有道，即可直言，也可直行；国家无道，可以直行，言语却要谨小慎微。"

[通译]

孔子说："国家有道，要正言正行；国家无道，还要正直，但说话要随和谨慎。"

## 【原文】14·4

子曰："有德者必有言，有言者不必有德。仁者必有勇，勇者不必有仁。"

[范译]

孔子说："有所德行，一定是有言在先；有言在先，不一定有所德行。仁中一定有勇，勇中不一定有仁。"

[通译]

孔子说："有道德的人，一定有言论，有言论的人不一定有道德。仁人一定勇敢，勇敢的人都不一定有仁德。"

## 【原文】14·5

南宫适问于孔子曰："羿善射，奡荡舟，俱不得其死然。禹稷躬稼而有天下。"夫子不答。南宫适出。子曰："君子哉若人！尚德哉若人！"

[范译]

南宫适问孔子："羿善于射箭，奡善于水战，最终都不能以此而得其愿。禹以躬身于庄稼为大，却得

[通译]

南宫适问孔子："羿善于射箭，奡善于水战，最后都不得好死。禹和稷都亲自种植庄稼，却得到了天

到了天下。"孔子没有回答，南宫适出去后，孔子说："像他这样就是君子。像他这样就是崇德行。"

下。"孔子没有回答，南宫适出去后，孔子说："这个人真是个君子呀！这个人真尊重道德。"

## 【原文】14·6

子曰："君子而不仁者有矣夫，未有小人而仁者也。"

[范译]

孔子说："君子不一定在任何时候都能尽到仁义，但是小人却难以表现出一点仁义。"

[通译]

孔子说："君子中没有仁德的人是有的，而小人中有仁德的人是没有的。"

## 【原文】14·7

子曰："爱之，能勿劳乎？忠焉，能勿诲乎？"

[范译]

孔子说："爱业，能尽一般之力吗？求精，能以一般教诲吗？"

[通译]

孔子说："爱他，能不为他操劳吗？忠于他，能不对他劝告吗？"

## 【原文】14·8

子曰："为命，裨谌草创之，世叔讨论之，行人子羽修饰之，东里子产润色之。"

[范译]

孔子说："对外发号，裨谌开始起草，世叔提出意见，南行子羽加以修饰，东里子产最后润色。"

[通译]

孔子说："郑国发表的公文，都是由裨谌起草的，世叔提出意见，外交官子羽加以修饰，由子产做最后修改润色。"

## 【原文】14·9

或问子产。子曰："惠人也。"问子西。曰："彼哉！彼哉！"问管仲。曰："人也。夺伯氏骈邑三百，饭疏食，没齿无怨言。"

**[范译]**

有人问子产如何。孔子说："算是一个仁慈的人吧。"又问子西。孔子说："彼此！彼此！"又问管仲。孔子说："人才啊，夺得诸侯之伯氏地位并使多国会合，皆以饭代食，到老都没有怨言。"

**[通译]**

有人问子产是个怎样的人。孔子说："是个有恩惠于人的人。"又问子西。孔子说："他呀！他呀！"又问管仲。孔子说："他是个有才干的人，他把伯氏骈邑的三百家夺走，使伯氏终生吃粗茶淡饭，直到老死也没有怨言。"

## 【原文】14·10

子曰："贫而无怨难，富而无骄易。"

**[范译]**

孔子说："贫穷而不抱怨是很难的，富贵而不骄傲是容易的。"

**[通译]**

孔子说："贫穷而能够没有怨恨是很难做到的，富裕而不骄傲是容易做到的。"

## 【原文】14·11

子曰："孟公绰为赵、魏老则优，不可以为滕、薛大夫。"

**[范译]**

孔子说："孟公绰做赵国、魏国的大夫一向都是行有余力的，让他去做滕、薛这些国家的大夫不合适。"

**[通译]**

孔子说："孟公绰做晋国越氏、魏氏的家臣，是才力有余的，但不能做滕、薛这样小国的大夫。"

## 【原文】14·12

子路问成人。子曰:"若臧武仲之知,公绰之不欲,卞庄子之勇,冉求之艺,文之以礼乐,亦可以为成人矣。"曰:"今之成人者何必然?见利思义,见危授命,久要不忘平生之言,亦可以为成人矣。"

**[范译]**

子路问如何成人。孔子说:"如有臧武仲的智慧,孟公绰的克制,卞庄子的勇敢,冉求的坚持原则,再以礼乐加以修饰,就可以说是一个完美的人了。"孔子又说:"如今成人的标准就不一定非要这么完美吧?出现利益的时候要想到公道,遇到危难的时候能肩负使命,永久不忘自己曾经发出的誓言,这样也可以说是成人了。"

**[通译]**

子路问怎样做才是一个完美的人。孔子说:"如果具有臧武仲的智慧,孟公绰的克制,卞庄子的勇敢,冉求那样多才多艺,再用礼乐加以修饰,也就可以算是一个完人了。"孔子又说:"现在的完人何必一定要这样呢?见到财利想到义的要求,遇到危险能献出生命,长久处于穷困还不忘平日的诺言,这样也可以成为一位完美的人。"

## 【原文】14·13

子问公叔文子于公明贾曰:"信乎?夫子不言,不笑,不取乎?"公明贾对曰:"以告者过也。夫子时然后言,人不厌其言;乐然后笑,人不厌其笑;义然后取,人不厌其取。"子曰:"其然?岂其然乎?"

**[范译]**

孔子向公明贾问公叔文子,说:"真像说的那样吗?先生他不说、不笑、不取?"公明贾回答道:"要是这样讲就有点过了。先生他是该说时才说,所以别人就觉得他不怎么说;感到快乐时才会笑,所以别人就觉得他不怎么笑;合乎正义的他才取,所以别人就觉得他不怎么

**[通译]**

孔子向公明贾问到公叔文子,说:"先生他不说、不笑、不取钱财,是真的吗?"公明贾回答道:"这是告诉你话的那个人的过错。先生他到该说时才说,因此别人不厌恶他说话;快乐时才笑,因此别人不厌恶他笑;合于礼要求的财利他才取,因此别人不厌恶他取。"孔子说:

说；感到快乐时才会笑，所以别人就觉得他不怎么笑；合乎正义的他才取，所以别人就觉得他不怎么取。"

孔子说："这才差不多？怎么会像他人说的那样绝对呢？"

"原来这样，难道真是这样吗？"

## 【原文】14·14

子曰："臧武仲以防求为后于鲁，虽曰不要君，吾不信也。"

**[范译]**

孔子说："臧武仲以防邑为要害请求鲁君为其后代册立宗祧，虽然他说这不是要挟君主，但是我不信这种说法。"

**[通译]**

孔子说："臧武仲凭借防邑请求鲁君在鲁国替臧氏立后代，虽然有人说他不是要挟君主，我不相信。"

## 【原文】14·15

子曰："晋文公谲而不正，齐桓公正而不谲。"

**[范译]**

孔子说："晋文公决断但是不得法，齐桓公得法但是不决断。"

**[通译]**

孔子说："晋文公诡诈而不正派，齐桓公正派而不诡诈。"

## 【原文】14·16

子路曰："桓公杀公子纠，召忽死之，管仲不死。"曰："未仁乎？"子曰："桓公九合诸侯，不以兵车，管仲之力也。如其仁，如其仁。"

**[范译]**

子路说："齐桓公杀了公子纠，召忽自杀以殉，但管仲却没有如此结束自己的生命。"又说："这样还能说其仁吗？"孔子说："桓公

**[通译]**

子路说："齐桓公杀了公子纠，召忽自杀以殉，但管仲却没有自杀。管仲不能算是仁人吧？"孔子说："桓公多次召集各诸侯国的盟会，不用

九合诸侯，不用武力，这是管仲的功劳啊。能这样就算是仁，这就是管仲之为仁啊。"

武力，都是管仲的力量啊。这就是他的仁德，这就是他的仁德。"

## 【原文】14·17

子贡曰："管仲非仁者与？桓公杀公子纠，不能死，又相之。"子曰："管仲相桓公，霸诸侯，一匡天下，民到于今受其赐。微管仲，吾其被发左衽矣。岂若匹夫匹妇之为谅也，自经于沟渎而莫之知也。"

**[范译]**

子贡问："管仲的表现与仁不配吧？桓公杀公子纠，没有殉死，还做了宰相。"孔子说："管仲辅佐桓公，称霸诸侯，匡正天下，民众到今天还在享受他的好处。如果没有管仲，恐怕我们都要披头散发，衣襟左开，被中原以外的民族统治了。怎能像平常男女料想的那样，在小山沟里上吊自杀而不为人知啊。"

**[通译]**

子贡问："管仲不能算是仁人了吧？桓公杀了公子纠，他不能为公子纠殉死，反而做了齐桓公的宰相。"孔子说："管仲辅佐桓公，称霸诸侯，匡正了天下，老百姓到了今天还享受到他的好处。如果没有管仲，恐怕我们也要披散着头发，衣襟向左开了。哪能像普通百姓那样恪守小节，自杀在小山沟里，而谁也不知道呀。"

## 【原文】14·18

公叔文子之臣大夫僎与文子同升诸公。子闻之，曰："可以为文矣。"

**[范译]**

公叔文子的家臣僎和文子一同升为卫国的大夫。孔子知道了这件事以后说："可以用文来命名了。"

**[通译]**

公叔文子的家臣僎和文子一同做了卫国的大夫。孔子知道了这件事以后说："（他死后）可以给他'文'的谥号了。"

**【原文】14·19**

　　子言卫灵公之无道也，康子曰："夫如是，奚而不丧？"孔子曰："仲叔圉治宾客，祝鮀治宗庙，王孙贾治军旅，夫如是，奚其丧？

**[范译]**

　　孔子说卫灵公那样做是行不通的啊，季康子说："真要如你所说，其垮台的时间就不远了吧？"孔子说："仲叔圉接待宾客，祝鮀管理宗庙祭祀，王孙贾统率军队，真要是这样的话，离垮台的时间还会长吗？"

**[通译]**

　　孔子讲到卫灵公的无道，季康子说："既然如此，为什么他没有败亡呢？"孔子说："因为他有仲叔圉接待宾客，祝鮀管理宗庙祭祀，王孙贾统率军队，像这样，怎么会败亡呢？"

**【原文】14·20**

　　子曰："其言之不怍，则为之也难。"

**[范译]**

　　孔子说："谁要是说起话来大言不惭，那么做起来也就难了。"

**[通译]**

　　孔子说："说话如果大言不惭，那么实现这些话就是很困难的了。"

**【原文】14·21**

　　陈成子弑简公。孔子沐浴而朝，告于哀公曰："陈恒弑其君，请讨之。"公曰："告夫三子。"孔子曰："以吾从大夫之后，不敢不告也。君曰'告夫三子'者。"之三子告，不可。孔子曰："以吾从大夫之后，不敢不告也。"

**[范译]**

　　陈成子杀了齐简公。孔子满怀悲愤而上朝，向鲁哀公报告说："陈恒把他的君主杀了，请你出兵讨伐他。"哀公说："将此事报告三位大夫吧。"孔子说："这句话的意思就是说我不在大夫之列，就不能

**[通译]**

　　陈成子杀了齐简公。孔子斋戒沐浴以后，随即上朝去见鲁哀公，报告说："陈恒把他的君主杀了，请你出兵讨伐他。"哀公说："你去报告那三位大夫吧。"孔子退朝后说："因为我曾经做过大夫，所

不来告啊。所以君说'告之三子'这样的话。"孔子随即到三位大夫处告之，但三位大夫不同意派兵讨伐。孔子说："正是因为我不在大夫之列，才不得不这样告啊！"

以不敢不来报告，君主却说'你去告诉那三位大夫吧'！"孔子去向那三位大夫报告，但三位大夫不愿派兵讨伐，孔子又说："因为我曾经做过大夫，所以不敢不来报告呀！"

## 【原文】14·22

子路问事君。子曰："勿欺也，而犯之。"

[范译]

子路问如何从事于君。孔子说："别蒙混，你曾经犯过这事。"

[通译]

子路问怎样事奉君主。孔子说："不能欺骗他，但可以犯颜直谏。"

## 【原文】14·23

子曰："君子上达，小人下达。"

[范译]

孔子说："君子好事做尽；小人坏事做绝。"

[通译]

孔子说："君子向上通达仁义，小人向下通达财利。"

## 【原文】14·24

子曰："古之学者为己，今之学者为人。"

[范译]

孔子说："古时候学习的目的是为了自己，现在学习的目的是为了他人。"

[通译]

孔子说："古代的人学习是为了提高自己，而现在的人学习是为了给别人看。"

## 【原文】14·25

蘧伯玉使人于孔子，孔子与之坐而问焉。曰："夫子何为？"对曰："夫子欲寡其过而未能也。"使者出，子曰："使乎！使乎！"

**[范译]**

　　蘧伯玉派人去拜访孔子。孔子让其坐下，然后问道："先生最近在做些什么？"来人回答说："先生希望少与哪些人打交道，但是却难以做到啊。"使人的话一说完，孔子说："聪明啊，真聪明啊！"

**[通译]**

　　蘧伯玉派使者去拜访孔子。孔子让使者坐下，然后问道："先生最近在做什么？"使者回答说："先生想要减少自己的错误，但未能做到。"使者走了以后，孔子说："好一位使者啊，好一位使者啊！"

---

**【原文】14·26**

　　子曰："不在其位，不谋其政。"曾子曰："君子思不出其位。"

**[范译]**

　　孔子说："不在那个位置，就不要思虑那个位置上的事情。"曾子说："君子思虑问题，不超出自己的位置。"

**[通译]**

　　孔子说："不在那个职位，就不要考虑那个职位上的事情。"曾子说："君子考虑问题，从来不超出自己的职位范围。"

---

**【原文】14·27**

　　子曰："君子耻其言而过其行。"

**[范译]**

　　孔子说："君子羞愧自己说的话超出了自己的行为。"

**[通译]**

　　孔子说："君子认为说得多而做得少是可耻的。"

---

**【原文】14·28**

　　子曰："君子道者三，我无能焉？仁者不忧，知者不惑，勇者不惧。"子贡曰："夫子自道也。"

**[范译]**

孔子说:"君子突出的表现有三种,我恐怕不具备如此能力吧?仁德的方面不忧患,智慧的方面不迷惑,勇敢的方面不畏惧。"子贡说:"这正是老师自己的表现啊!"

**[通译]**

孔子说:"君子之道有三个方面,我都未能做到:仁德的人不忧愁,聪明的人不迷惑,勇敢的人不畏惧。"子贡说:"这正是老师的自我表述啊!"

**【原文】14·29**

子贡方人。子曰:"赐也贤乎哉?夫我则不暇。"

**[范译]**

子贡好拿自己与能人比方。孔子说:"赐啊,这样做有益吗?像这样的事情我可没有时间去做。"

**[通译]**

子贡评论别人的短处。孔子说:"赐啊,你真的就那么贤良吗?我可没有闲工夫去评论别人。"

**【原文】14·30**

子曰:"不患人之不己知,患其不能也。"

**[范译]**

孔子说:"不要忧虑别人不理会自己,要忧虑自己不具备这方面的能力。"

**[通译]**

孔子说:"不忧虑别人不知道自己,只担心自己没有本事。"

**【原文】14·31**

子曰:"不逆诈,不亿不信,抑亦先觉者,是贤乎!"

**[范译]**

孔子说:"不迎合欺诈,不臆测不信实,但是又能事先觉察到它的存在,这才是本事啊!"

**[通译]**

孔子说:"不预先怀疑别人欺诈,也不猜测别人不诚实,然而能事先觉察别人的欺诈和不诚实,这就是贤人了。"

**【原文】14·32**

微生亩谓孔子曰："丘，何为是栖栖者与？无乃为佞乎？"孔子曰："非敢为佞也，疾固也。"

[范译]

微生亩对孔子说："孔丘，你为什么总是忙碌不安的样子呢？莫非是有才智的表现？"孔子说："不敢说这样做是有才智啊，只是疾患太深了啊。"

[通译]

微生亩对孔子说："孔丘，你为什么这样四处奔波游说呢？你不就是要显示自己的口才和花言巧语吗？"孔子说："我不是敢于花言巧语，只是痛恨那些顽固不化的人。"

**【原文】14·33**

子曰："骥不称其力，称其德也。"

[范译]

孔子说："千里马是不称其力，而称其德。"

[通译]

孔子说："千里马值得称赞的不是它的气力，而是称赞它的品德。"

**【原文】14·34**

或曰："以德报怨，何如？"子曰："何以报德？以直报怨，以德报德。"

[范译]

有人说："以德来对待怨恨，怎么样？"孔子说："那用什么来对待德呢？应该是用纠正错误、平反昭雪来对待怨恨，用德来对待德。"

[通译]

有人说："用恩德来报答怨恨怎么样？"孔子说："用什么来报答恩德呢？应该是用正直来报答怨恨，用恩德来报答恩德。"

**【原文】14·35**

子曰："莫我知也夫！"子贡曰："何为其莫知子也？"子曰："不怨天，不尤人。下学而上达，知我者其天乎！"

[范译]

孔子说："到现在都没有人重用我啊！"子贡说："为什么他们没有用您啊？"孔子说："不埋怨天，不归咎人，下能领会，上可通达，主用我的也许就是天吧！"

[通译]

孔子说："没有人了解我啊！"子贡说："怎么能说没有人了解您呢？"孔子说："我不埋怨天，也不责备人，下学礼乐而上达天命，了解我的只有天吧！"

【原文】14·36

公伯寮愬子路于季孙。子服景伯以告，曰："夫子固有惑志于公伯寮，吾力犹能肆诸市朝。"子曰："道之将行也与，命也；道之将废也与，命也。公伯寮其如命何！"

[范译]

公伯寮利用某件事情向季孙说子路的坏话。子服景伯把这件事讲了出来，并且说："季孙氏本来就疑心公伯寮了，我努力的话完全能够把公伯寮陈之于市。"孔子说："你这样做了我也同意，这就是命；你不这样做我也没有意见，这也是命。就看他公伯寮的命如何？"

[通译]

公伯寮向季孙告发子路。子服景伯把这件事告诉给孔子，并且说："季孙氏已经被公伯寮迷惑了，我的力量能够把公伯寮杀了，把他陈尸于市。"孔子说："道能够得到推行，是天命决定的；道不能得到推行，也是天命决定的。公伯寮能把天命怎么样呢？"

【原文】14·37

子曰："贤者辟世，其次辟地，其次辟色，其次辟言。"子曰："作者七人矣。"

[范译]

孔子说："最高明的表现是取法于世道，其次取法于所在之地，再其次是取法于情景，再其次就是取法于直言。"孔子说："算起来的话这样的人是比较多的。"

[通译]

孔子说："贤人逃避动荡的社会而隐居，次一等的逃避到另外一个地方去，再次一点的逃避别人难看的脸色，再次一点的回避别人难听的话。"孔子又说："这样做的已经有七个人了。"

## 【原文】14·38

子路宿于石门。晨门曰："奚自？"子路曰："自孔氏。"曰："是知其不可而为之者与？"

**[范译]**

子路停留于鲁城外门，掌管城门开闭的人问："从哪里来？"子路说："从孔子那里来。"看门的人问："真如人说的一样吗？告知不可以却仍然要去做！"

**[通译]**

子路夜里住在石门，看门的人问："从哪里来？"子路说："从孔子那里来。"看门的人说："是那个明知做不到却还要去做的人吗？"

## 【原文】14·39

子击磬于卫，有荷蒉而过孔氏，之门者，曰："有心哉，击磬乎！"既而曰："鄙哉，硁硁乎！莫己知也！斯己而已矣。深则厉，浅则揭。"子曰："果哉！末之难矣。"

**[范译]**

孔子在一个很边远的地方击磬，有一位背扛草筐的人在孔子身边来回地听着，当磬声到了高潮处，说道："磬为心声啊！"接着说："我可能说得不对，但我仍然认为这是叹其没有人主用啊！仅此而已。'深则厉，浅则揭'，随时为义吧。"孔子说："果真如此！他都理解了啊。"

**[通译]**

孔子在卫国，一次正在敲击磬，有一位背扛草筐的人从门前走过说："这个击磬的人有心思啊！"一会儿又说："声音硁硁的，真可鄙呀，没有人了解自己，就只为自己就是了。（好像涉水一样）水深就穿着衣服趟过去，水浅就撩起衣服趟过去。"孔子说："说得真干脆，没有什么可以责问他了。"

## 【原文】14·40

子张曰："《书》云：'高宗谅阴，三年不言。'何谓也？"子曰："何必高宗？古之人皆然。君薨，百官总己以听于冢宰三年。"

**[范译]**

　　子张说："《尚书》上说：'高宗居丧，三年不言。'这是什么意思？"孔子说："何止是高宗，古人都是这样。国君死了，朝廷百官都主持自己的职事，听命于太宰三年。"

**[通译]**

　　子张说："《尚书》上说：'高宗守丧，三年不谈政事。'这是什么意思？"孔子说："不仅是高宗，古人都是这样。国君死了，朝廷百官都各管自己的职事，听命于冢宰三年。"

---

## 【原文】14·41

　　子曰："上好礼，则民易使也。"

**[范译]**

　　孔子说："在上位的人好礼，那么下面的人就容易使唤了。"

**[通译]**

　　孔子说："在上位的人喜好礼，那么百姓就容易指使了。"

---

## 【原文】14·42

　　子路问君子。子曰："修己以敬。"曰："如斯而已乎？"曰："修己以安人。"曰："如斯而已乎？"曰："修己以安百姓。修己以安百姓，尧舜其犹病诸？"

**[范译]**

　　子路问什么叫君子。孔子说："修身于己，以求敬重。"子路说："如此而已吗？"孔子说："修身于己，以安他人。"子路说："如此而已吗？"孔子说："修身于己，以安百姓。修身于己使所有百姓都得到安乐，尧舜这样的人还担心做不到这样呢？"

**[通译]**

　　子路问什么叫君子。孔子说："修养自己，保持严肃恭敬的态度。"子路说："这样就够了吗？"孔子说："修养自己，使周围的人们安乐。"子路说："这样就够了吗？"孔子说："修养自己，使所有百姓都安乐。修养自己使所有百姓都安乐，尧舜还怕难于做到呢？"

---

## 【原文】14·43

　　原壤夷俟。子曰："幼而不孙弟，长而无述焉，老而不死，是为贼。"以杖叩其胫。

**[范译]**

原壤总是一副满不在乎，倨傲无礼的模样。孔子说："开始的时候不敬顺兄长，长期以来还没有什么可遵循和追求的东西，到末了都没有改变，这就会成为害良毁法之人。"说着，用手杖敲他的小腿。

**[通译]**

原壤叉开双腿坐着等待孔子。孔子骂他说："年幼的时候，你不讲孝悌，长大了又没有什么可说的成就，老而不死，真是害人虫。"说着，用手杖敲他的小腿。

---

**【原文】14·44**

阙党童子将命。或问之曰："益者与？"子曰："吾见其居于位也，见其与先生并行也。非求益者也，欲速成者也。"

**[范译]**

阙里的一个小孩将去从命。有人来问孔子"有出息吗？"孔子说："我看得出他已经居于正位了，见他和年长有学问的人并进了。这样看来不用求进益的事情了，而是希望我的预见能够尽快变成事实啊。"

**[范译]**

阙里的一个小孩将去从命。有人来问孔子"有出息吗？"孔子说："我看得出他已经居于正位了，见坐在成年人的位子上，又见他和长辈并肩而行，他不是要求上进的人，只是个急于求成的人。"

---

# 卫灵公篇

【原文】15·1

卫灵公问陈于孔子。孔子对曰："俎豆之事，则尝闻之矣；军旅之事，未之学也。"明日遂行。

[范译]

卫灵公向孔子问军队列阵之法。孔子回答说："祭祀礼仪方面的事情，我还听说过；用兵打仗的事，这就很难说有什么体会了。"第二天，就私下地研究起来。

[通译]

卫灵公向孔子问军队列阵之法。孔子回答说："祭祀礼仪方面的事情，我还听说过；用兵打仗的事，从来没有学过。"第二天，孔子便离开了卫国。

【原文】15·2

在陈绝粮，从者病，莫能兴。子路愠见曰："君子亦有穷乎？"子曰："君子固穷，小人穷斯滥矣。"

[范译]

在征途上粮食跟不上了，随从的人都表现得很不安，没有了兴致。子路按捺不住怨气，说："君子也有这样穷的吗？"孔子说："君子穷到这样仍觉得是平常的事，小人穷到这样就不加节制了。"

[通译]

（孔子一行）在陈国断了粮食，随从的人都饿病了。子路很不高兴地来见孔子，说道："君子也有穷得毫无办法的时候吗？"孔子说："君子虽然穷困，但还是坚持着；小人一遇穷困就无所不为了。"

【原文】15·3

子曰："赐也！女以予为多学而识之者与？"对曰："然，非与？"曰："非也。予一以贯之。"

[范译]

孔子说："赐啊！你以为我是因为学习得多才能够认识事物的本质的吗？"子贡答道："是啊，难道不是这样吗？"孔子说："不是的。我是用一个根本性的东西贯通全部事物。"

[通译]

孔子说："赐啊！你以为我是学习得多了才——记住的吗？"子贡答道："是啊，难道不是这样吗？"孔子说："不是的。我是用一个根本的东西把它们贯彻始终的。"

【原文】15·4

子曰："由！知德者鲜矣。"

[范译]

孔子说："践行啊！称得上德的事情太少了。"

[通译]

孔子说："由啊！懂得德的人太少了。"

【原文】15·5

子曰："无为而治者，其舜也与？夫何为哉？恭己正南面而已矣。"

**[范译]**

孔子说："无须作为而天下大治的情形，只有舜的时候可以称得上吧？这种情形下做些什么呢？恭行己正地居以帝王之位罢了。"

**[通译]**

孔子说："能够无所作为而治理天下的人，大概只有舜吧？他做了些什么呢？只是庄严端正地坐在朝廷的王位上罢了。"

## 【原文】15·6

子张问行。子曰："言忠信，行笃敬，虽蛮貊之邦，行矣。言不忠信，行不笃敬，虽州里，行乎哉？立则见其参于前也，在舆则见其倚于衡也，夫然后行。"子张书诸绅。

**[范译]**

子张问品行。孔子说："言语忠诚有信，行事笃厚敬肃，即使到了蛮貊之地，依然可行。言语不忠诚有信，行事不笃厚敬肃，即使在本乡本土，恐怕也不行吧？站着，就仿佛看到这几个字树立在面前一样；坐车，就好像看到这几个字刻在车辕前的横木上一样，所有的行为都符合于它，自然办什么事都可以了。"子张把这几个字写在腰间的大带上。

**[通译]**

子张问如何才能使自己到处都能行得通。孔子说："说话要忠信，行事要笃敬，即使到了蛮貊地区，也可以行得通。说话不忠信，行事不笃敬，就是在本乡本土，能行得通吗？站着，就仿佛看到忠信笃敬这几个字显现在面前，坐车，就好像看到这几个字刻在车辕前的横木上，这样才能使自己到处行得通。"子张把这些话写在腰间的大带上。

## 【原文】15·7

子曰："直哉史鱼！邦有道，如矢；邦无道，如矢。君子哉蘧伯玉！邦有道，则仕；邦无道，则可卷而怀之。"

**[范译]**

孔子说："史鱼之正直在于：国家有道，其直如矢；国家无道，其直如矢。蘧伯玉之君子在于：国家有道，尽力检察（民有善恶，以告监官）；国家无道，则可以收录在案。"

**[通译]**

孔子说："史鱼真是正直啊！国家有道，他的言行像箭一样直；国家无道，他的言行也像箭一样直。蘧伯玉也真是一位君子啊！国家有道就出来做官，国家无道就（辞退官职）把自己的主张收藏在心里。"

## 【原文】15·8

子曰："可与言而不与之言，失人；不可与言而与言，失言。知者不失人，亦不失言。"

**[范译]**

孔子说："可以与之说的却不与其说，失之于人；不可以与之说的却与其说，失之于言。智慧的表现是既不失之于人，也不失之于言。"

**[通译]**

孔子说："可以同他谈的话，却不同他谈，这就是失掉了朋友；不可以同他谈的话，却同他谈，这就是说错了话。有智慧的人既不失去朋友，又不说错话。"

## 【原文】15·9

子曰："志士仁人，无求生以害仁，有杀身以成仁。"

**[范译]**

孔子说："志士仁人，没有为了求生而害仁的，却有以牺牲生命来保全于仁的。"

**[通译]**

孔子说："志士仁人，没有贪生怕死而损害仁的，只有牺牲自己的性命来成全仁的。"

## 【原文】15·10

子贡问为仁。子曰："工欲善其事，必先利其器。居是邦也，事其大夫之贤者，友其士之仁者。"

[范译]

　　子贡问如何为仁。孔子说："要想长远地工作下去，首先必须利用好工具。处在一个国家的话，就要事奉大夫中的贤者，友爱士人中的仁者。"

[通译]

　　子贡问怎样实行仁德。孔子说："做工的人想把活儿做好，必须首先使他的工具锋利。住在这个国家，就要事奉大夫中的那些贤者，与士人中的仁者交朋友。"

【原文】15·11

　　颜渊问为邦。子曰："行夏之时，乘殷之辂，服周之冕，乐则韶舞。放郑声，远佞人。郑声淫，佞人殆。"

[范译]

　　颜渊问治理天下。孔子说："用夏代的时令，乘殷代的木车，戴周代的礼帽，乐则以韶乐为舞。放弃郑国的声律，远离巧言令色的人。郑国的乐曲太迷乱，巧言令色的人有危险。"

[通译]

　　颜渊问怎样治理国家。孔子说："用夏代的历法，乘殷代的车子，戴周代的礼帽，奏《韶》乐，禁绝郑国的乐曲，疏远能言善辩的人。郑国的乐曲浮靡不正派，佞人太危险。"

【原文】15·12

　　子曰："人无远虑，必有近忧。"

[范译]

　　孔子说："人不做长远的考虑，一定会有不断的麻烦。"

[通译]

　　孔子说："人没有长远的考虑，一定会有眼前的忧患。"

【原文】15·13

　　子曰："已矣乎！吾未见好德如好色者也。"

**[范译]**

孔子说："看来也就这样了啊！我是难以见到好于纳德像好于出色一样的现象了。"

**[通译]**

孔子说："完了，我从来没有见像好色那样好德的人。"

---

【原文】15·14

子曰："臧文仲其窃位者与！知柳下惠之贤而不与立也。"

**[范译]**

孔子说："臧文仲这样做就是知贤不举，偷安于位！明知柳下惠这个人有本事，却不让其与自己一起共事啊。"

**[通译]**

孔子说："臧文仲是一个窃居官位的人吧！他明知道柳下惠是个贤人，却不举荐他一起做官。"

---

【原文】15·15

子曰："躬自厚而薄责于人，则远怨矣。"

**[范译]**

孔子说："加深自身的修养并且少责备他人，就可以远离怨恨了。"

**[通译]**

孔子说："多责备自己而少责备别人，那就可以避免别人的怨恨了。"

---

【原文】15·16

子曰："不曰'如之何，如之何'者，吾未如之何也已矣。"

**[范译]**

孔子说："在不说'为什么，怎么办'的情况下，我也不知道该如何了。"

**[通译]**

孔子说："从来遇事不说'怎么办，怎么办'的人，我对他也不知怎么办才好。"

---

【原文】15·17

子曰："群居终日，言不及义，好行小慧，难矣哉！"

**[范译]**

孔子说："整天聚在一起，说些与道义无关的话，好卖弄小聪明，不能如此而已啊！"

**[通译]**

孔子说："整天聚在一块，说的都达不到义的标准，专好卖弄小聪明，这种人真难教导。"

---

**【原文】15·18**

子曰："君子义以为质，礼以行之，孙以出之，信以成之。君子哉！"

**[范译]**

孔子说："君子以善义为本质，以礼乐来明辨，以谦逊来表达，以诚信来成就。君子皆能如此啊。"

**[通译]**

孔子说："君子以义作为根本，用礼加以推行，用谦逊的语言来表达，用忠诚的态度来完成，这就是君子了。"

---

**【原文】15·19**

子曰："君子病无能焉，不病人之不己知也。"

**[范译]**

孔子说："君子总是责备自己没有能力，而不责备别人不主用自己。"

**[通译]**

孔子说："君子只怕自己没有才能，不怕别人不知道自己。"

---

**【原文】15·20**

子曰："君子疾没世而名不称焉。"

**[范译]**

孔子说："君子忧虑的是到死都不能称名于世。"

**[通译]**

孔子说："君子担心死亡以后他的名字不为人们所称颂。"

---

**【原文】15·21**

子曰："君子求诸己，小人求诸人。"

[范译]

孔子说："君子求治于己，小人求治于人。"

[通译]

孔子说："君子求之于自己，小人求之于别人。"

【原文】15·22

子曰："君子矜而不争，群而不党。"

[范译]

孔子说："君子矜持但是不与人争执，合群但是不拉帮结派。"

[通译]

孔子说："君子庄重而不与别人争执，合群而不结党营私。"

【原文】15·23

子曰："君子不以言举人，不以人废言。"

[范译]

孔子说："君子不会因其言而抬举其人，也不会因其人而废弃其言。"

[通译]

孔子说："君子不凭一个人说的话来举荐他，也不因为一个人不好而不采纳他的好话。"

【原文】15·24

子贡问曰："有一言而可以终身行之者乎？"子曰："其'恕'乎！己所不欲，勿施于人。"

[范译]

子贡问孔子："有一个可以终身奉行的字吗？"孔子回答说："那就是'恕'吧！归己所有的不去追求，而往往将其让给别人。"

[通译]

子贡问孔子："有没有一个字可以终身奉行的呢？"孔子回答说："那就是恕吧！自己不愿意的，不要强加给别人。"

【原文】15·25

子曰："吾之于人也，谁毁谁誉？如有所誉者，其有所试矣。斯民也，三代之所以直道而行也。"

**[范译]**

孔子说："我是比较善于评价人的，有谁毁过，有谁誉过？比如有些被我称誉的人，就因其而得到了任用。此地的民众之所以会祖孙三代都走正道就在于此。"

**[通译]**

孔子说："我对于别人，诋毁过谁？赞美过谁？如有所赞美的，必须是曾经考验过他的。夏商周三代的人都是这样做的，所以三代能直道而行。"

## 【原文】15·26

子曰："吾犹及史之阙文也，有马者借人乘之，今亡矣夫。"

**[范译]**

孔子说："我还谋及过史书不合的地方，有作数的地方可以导人追踪，至今还不见有人将这些推翻啊。"

**[通译]**

孔子说："我还能够看到史书存疑的地方，有马的人（自己不会调教，）先给别人使用，这种精神，今天没有了罢。"

## 【原文】15·27

子曰："巧言乱德。小不忍则乱大谋。"

**[范译]**

孔子说："花言巧语会扰乱德行，小事不忍耐就会扰乱大谋略。"

**[通译]**

孔子说："花言巧语就败坏人的德行，小事情不忍耐，就会败坏大事情。"

## 【原文】15·28

子曰："众恶之，必察焉；众好之，必察焉。"

[范译]

　　孔子说："大家都厌恶的事物，一定要观察为什么这样；大家都喜欢的事物，也一定要观察为什么这样。"

[通译]

　　孔子说："大家都厌恶他，我必须考察一下；大家都喜欢他，我也一定要考察一下。"

## 【原文】15·29

　　子曰："人能弘道，非道弘人。"

[范译]

　　孔子说："人有能力就要弘扬道义，而不是用已有的道法来弘扬人。"

[通译]

　　孔子说："人能够使道发扬光大，不是道使人的才能扩大。"

## 【原文】15·30

　　子曰："过而不改，是谓过矣。"

[范译]

　　孔子说："过后而不改，这就可以说是过了。"

[通译]

　　孔子说："有了过错而不改正，这才真叫错了。"

## 【原文】15·31

　　子曰："吾尝终日不食，终夜不寝，以思，无益，不如学也！"

[范译]

　　孔子说："我曾经整天不吃饭，彻夜不睡觉，即使这样思考，也毫无进益，这都是因为不善于求学啊！"

[通译]

　　孔子说："我曾经整天不吃饭，彻夜不睡觉，去左思右想，结果没有什么好处，还不如去学习为好。"

**【原文】15·32**

子曰:"君子谋道不谋食。耕也,馁在其中矣;学也,禄在其中矣。君子忧道不忧贫。"

**[范译]**

孔子说:"君子为道行谋,不为稻粱谋。为道于耕,饭(喂养)自然就有了;为道于学,禄就自然就有了。君子忧虑的是道行,不忧虑贫穷。"

**[通译]**

孔子说:"君子只谋求道行道,不谋求衣食。耕田,也常要饿肚子;学习,可以得到俸禄。君子只担心道不能行,不担心贫穷。"

**【原文】15·33**

子曰:"知及之,仁不能守之,虽得之。必失之。知及之,仁能守之,不庄以莅之,则民不敬。知及之,仁能守之,庄以莅之,动之不以礼,未善也。"

**[范译]**

孔子说:"主用之后,不能以仁道来守护它,虽然得以为官,也一定会失去它。主用之后,能以仁德保护它,但是不严肃认真,那么百姓就会不敬;主用之后,能以仁德保守它,又做到了严肃认真,行为不用礼来约束,也难说其完善啊。"

**[通译]**

孔子说:"凭借聪明才智足以得到它,但仁德不能保持它,即使得到,也一定会丧失。凭借聪明才智足以得到它,仁德可以保持它,不用严肃态度来治理百姓,那么百姓就会不敬;聪明才智足以得到它,仁德可以保持它,能用严肃态度来治理百姓,但动员百姓时不照礼的要求,那也是不完善的。"

**【原文】15·34**

子曰:"君子不可小知而可大受也,小人不可大受而可小知也。"

**[范译]**

孔子说："君子不一定适合小用，但可以赋予重任。小人不适合赋予重任，但有时候可以小用。"

**[通译]**

孔子说："君子不能让他们做那些小事，但可以让他们承担重大的使命。小人不能让他们承担重大的使命，但可以让他们做那些小事。"

【原文】15·35

子曰："民之于仁也，甚于水火。水火，吾见蹈而死者矣，未见蹈仁而死者也。"

**[范译]**

孔子说："大凡投身于仁的情形，比投身于水火平安。水火，我见过有人跳入其中而死的情形了，还没有见过蹈向于仁而死的情形啊。"

**[通译]**

孔子说："百姓们对于仁（的需要），比对于水（的需要）更迫切。我只见过人跳到水火中而死的，却没有见过实行仁而死的。"

【原文】15·36

子曰："当仁，不让于师。"

**[范译]**

孔子说："肩负仁的重任，不要逊色于众人。"

**[通译]**

孔子说："面对着仁德，就是老师，也不同他谦让。"

【原文】15·37

子曰："君子贞而不谅。"

**[范译]**

孔子说："君子立场坚定，但是不固执己见。"

**[通译]**

孔子说："君子固守正道，而不拘泥于小信。"

**【原文】15·38**

子曰："事君，敬其事而后其食。"

[范译]

孔子说："侍奉君主，要谨慎从事，不怠慢职守，俸禄要放在次要的位置上。"

[通译]

孔子说："侍奉君主，要认真办事而把领取俸禄的事放在后面。"

**【原文】15·39**

子曰："有教无类。"

[范译]

孔子说："有了教义之后，就不要再去类别了。"

[通译]

孔子说："人人都可以接受教育，不分族类。"

**【原文】15·40**

子曰："道不同，不相为谋。"

[范译]

孔子说："志向不同，就不可能相互谋略。"

[通译]

孔子说："主张不同，不互相商议。"

**【原文】15·41**

子曰："辞达而已矣。"

[范译]

孔子说："修辞一定要做到不能再好为止。"

[通译]

孔子说："言辞只要能表达意思就行了。"

**【原文】15·42**

师冕见，及阶，子曰："阶也。"及席，子曰："席也。"皆坐，子告之曰："某在斯，某在斯。"师冕出，子张问曰："与师言之道与？"子曰："然，固相师之道也。"

**[范译]**

　　乐师冕来见孔子，走到台阶沿，孔子说："这儿是台阶。"走到坐席旁，孔子说："这是坐席。"等大家都坐下来，孔子告诉他："某某在这里，某某在那里。"师冕走了以后，子张就问孔子："这就是与老师说话的方法吗？"孔子说："对啊，本来是引盲人乐师行走的方法。"

**[通译]**

　　乐师冕来见孔子，走到台阶沿，孔子说："这儿是台阶。"走到坐席旁，孔子说："这是坐席。"等大家都坐下来，孔子告诉他："某某在这里，某某在这里。"师冕走了以后，子张就问孔子："这就是与乐师谈话的道吗？"孔子说："这就是帮助乐师的道。"

# 季 氏 篇

季氏将伐颛臾。冉有、季路见于孔子曰："季氏将有事于颛臾。"孔子曰："求！无乃尔是过与？夫颛臾，昔者先王以为东蒙主，且在邦域之中矣，是社稷之臣也。何以伐为？"冉有曰："夫子欲之，吾二臣者皆不欲也。"孔子曰："求！周任有言曰：'陈力就列，不能者止。'危而不持，颠而不扶，则将焉用彼相矣？且尔言过矣，虎兕出于柙，龟玉毁于椟中，是谁之过与？"冉有曰："今夫颛臾，固而近于费。今不取，后世必为子孙忧。"孔子曰："求！君子疾夫舍曰欲之而必为之辞。丘也闻有国有家者，不患寡而患不均，不患贫而患不安。盖均无贫，和无寡，安无倾。夫如是，故远人不服，则修文德以来之。既来之，则安之。今由与求也，相夫子，远人不服而不能来也，邦分崩离析而不能守也；而谋动干戈于邦内。吾恐季孙之忧，不在颛臾，而在萧墙之内也。"

## [范译]

季氏将要讨伐颛臾。冉有、子路马上把这件事情告诉了孔子，说："季氏马上就要向颛臾发兵了。"孔子说："冉求，这恐怕是你揣测错了吧？颛臾从前是周天子让它成

## [通译]

季氏将要讨伐颛臾。冉有、子路去见孔子说："季氏快要攻打颛臾了。"孔子说："冉求，这不就是你的过错吗？颛臾从前是周天子让它主持东蒙的祭祀的，而且已经

为东蒙地区的所有者，而且已经在鲁国的疆域之内，是国家的臣属啊，怎么会去讨伐它呢？"冉有说："季孙大夫想去攻打，我们两个当臣的态度是不愿意的。"孔子说："冉求，周任有句话说：'担任官职就要贡献才力。'没有能力做到这样，可以休矣。有了危险不去扶助，跌倒了不去挽扶，这样的话那还用辅助的人干什么呢？而且你也不能这样说啊。老虎、犀牛从笼子里跑出来，龟甲、玉器在匣子里毁坏了，这是谁的过错呢？"冉有说："现在颛臾固强，而且离费邑很近。现在不把它夺取过来，将来一定会成为子孙的忧患。"孔子说："冉求，君子痛恨那种不肯实说自己想要那样做而又一定要找出理由来为之辩解的做法。我听说，对于诸侯和大夫来说，不怕或多或少，而怕不均衡对待；不怕贫乏，而怕不去满足他们的愿望。凡是均衡，也就不会感乏；合适对待就不感觉多少；满足他们也就没有非分之想了。如果这样做了，疏远离去的人还不归服，就用仁、义、礼、乐教化他们；把他们招抚来了，就要把他们安顿下来。现在，仲由和冉求你们两个人辅助季氏，疏远离去的人不归服，而不能招徕他们；国内民心离散，你们不能保全，反而策划在国内使用武力。我只怕季孙的忧患不在颛臾，而是在自己的内部啊！"

在鲁国的疆域之内，是国家的臣属啊，为什么要讨伐它呢？"冉有说："季孙大夫想去攻打，我们两个人都不愿意。"孔子说："冉求，周任有句话说：'尽自己的力量去负担你的职务，实在做不好就辞职。'有了危险不去扶助，跌倒了不去挽扶，那还用辅助的人干什么呢？而且你说的话错了。老虎、犀牛从笼子里跑出来，龟甲、玉器在匣子里毁坏了，这是谁的过错呢？"冉有说："现在颛臾城墙坚固，而且离费邑很近。现在不把它夺取过来，将来一定会成为子孙的忧患。"孔子说："冉求，君子痛恨那种不肯实说自己想要那样做而又一定要找出理由来为之辩解的做法。我听说，夫，不怕贫穷，而怕财富不均；不怕人口少，而怕不安定。由于财富均了，也就没有所谓贫穷；大家和睦，就不会感到人少；安定了，也就没有倾覆的危险了。因为这样，所以如果远方的人还不归服，就用仁、义、礼、乐招徕他们；已经来了，就让他们安心住下去。现在，仲由和冉求你们两个人辅助季氏，远方的人不归服，而不能招徕他们；国内民心离散，你们不能保全，反而策划在国内使用武力。我只怕季孙的忧患不在颛臾，而是在自己的内部呢！"

## 【原文】16·2

孔子曰："天下有道，则礼乐征伐自天子出；天下无道，则礼乐征伐自诸侯出。自诸侯出，盖十世希不失矣；自大夫出，五世希不失矣；陪臣执国命，三世希不失矣。天下有道，则政不在大夫。天下有道，则庶人不议。"

**[范译]**

孔子说："天下有道的时候，制定礼乐和出兵打仗都由天子做主决定；天下无道的时候，制定礼乐和出兵打仗，由诸侯做主决定。由诸侯做主决定，国君在十代内很少有不垮台的；由大夫做主决定的，很少有五代不垮台的；由大夫的家臣做主决定的，很少有三代不垮台的。天下有道，国家政权就不会落在大夫手中。天下有道，平民百姓也就公事不私议了。"

**[通译]**

孔子说："天下有道的时候，制作礼乐和出兵打仗都由天子做主决定；天下无道的时候，制作礼乐和出兵打仗，由诸侯做主决定。由诸侯做主决定，大概经过十代很少有不垮台的；由大夫决定，经过五代很少有不垮台的。天下有道，国家政权就不会落在大夫手中。天下有道，老百姓也就不会议论国家政治了。"

## 【原文】16·3

孔子曰："禄之去公室五世矣，政逮于大夫四世矣，故夫三桓之子孙微矣。"

**[范译]**

孔子说："鲁国的国君失去国家政权已经五代了，政权落在大夫之手已经四代了，所以政权到三桓的子或孙一代就要没有了。"

**[通译]**

孔子说："鲁国失去国家政权已经有五代了，政权落在大夫之手已经四代了，所以三桓的子孙也衰微了。"

## 【原文】16·4

孔子曰："益者三友，损者三友。友直，友谅，友多闻，益矣。友便辟，友善柔，友便佞，损矣。"

**[范译]**

孔子说："对人有益的帮助或支持有三种，对人有害的帮助和支持也有三种。正直、信实和学识渊博的帮助或支持，是有益的。谄媚逢迎、阿谀奉承和花言巧语的帮助或支持，是有害的。"

**[通译]**

孔子说："有益的交友有三种，有害的交友有三种。同正直的人交友，同诚信的人交友，同见闻广博的人交友，这是有益的。同惯于走邪道的人交朋友，同善于阿谀奉承的人交朋友，同惯于花言巧语的人交朋友，这是有害的。"

## 【原文】16·5

孔子曰："益者三乐，损者三乐。乐节礼乐，乐道人之善，乐多贤友，益矣。乐骄乐，乐佚游，乐晏乐，损矣。"

**[范译]**

孔子说："对人有益的享乐有三种，对人有害的享乐也有三种。以节制礼乐、法式别人好的行为和以善行交朋会友为享乐，这是有益的。以骄纵享乐、出入不节和宴饮游乐为享乐，这是有害的。"

**[通译]**

孔子说："有益的喜好有三种，有害的喜好有三种。以礼乐调节自己为喜好，以称道别人的好处为喜好，以有许多贤德之友为喜好，这是有益的。喜好骄傲，喜欢闲游，喜欢大吃大喝，这就是有害的。"

## 【原文】16·6

孔子曰："侍于君子有三愆：言未及之而言谓之躁，言及之而不言谓之隐，未见颜色而言谓之瞽。"

**[范译]**

孔子说："侍奉君子有三种过失：不到说的时候就说了，这叫急躁；该说的时候不说了，这叫隐瞒；不看君子的脸色就说话，这叫瞎子。"

**[通译]**

孔子说："侍奉在君子旁边陪他说话，要注意避免犯三种过失：还没有问到你的时候就说话，这是急躁；已经问到你的时候你却不说，这叫隐瞒；不看君子的脸色而贸然说话，这是瞎子。"

**【原文】16·7**

孔子曰："君子有三戒：少之时，血气未定，戒之在色；及其壮也，血气方刚，戒之在斗；及其老也，血气既衰，戒之在得。"

**[范译]**

孔子说："君子有三件事要戒除：年少的时候，血气还不定性，要戒除偏激；待到壮年之时，血气方刚，要戒除莽撞；等到老年，血气已经衰弱了，要戒除非有所得。"

**[通译]**

孔子说："君子有三种事情应引以为戒：年少的时候，血气还不成熟，要戒除对女色的迷恋；等到身体成熟了，血气方刚，要戒除与人争斗；等到老年，血气已经衰弱了，要戒除贪得无厌。"

**【原文】16·8**

孔子曰："君子有三畏：畏天命，畏大人，畏圣人之言。小人不知天命而不畏也，狎大人，侮圣人之言。"

**[范译]**

孔子说："君子有三敬服：敬服天命，敬服地位高的人，敬服圣人之言。小人不理会天命就不敬服，不尊重地位高的人，侮慢圣人之言。"

**[通译]**

孔子说："君子有三件敬畏的事情：敬畏天命，敬畏地位高贵的人，敬畏圣人的话，小人不懂得天命，因而也不敬畏，不尊重地位高贵的人，轻侮圣人之言。"

**【原文】16·9**

孔子曰："生而知之者，上也；学而知之者，次也；困而学之，又其次也；困而不学，民斯为下矣。"

**[范译]**

孔子说："一开始就知道怎样做的，是上等的表现；学然后知道怎么做的，是其次；走不通才学怎么做的，是又其次；走不通还不学，这些人就是最下等的了。"

**[范译]**

孔子说："一开始就知道怎样做的，是上等的表现；学然后知道怎么做的，是其次；走不通才学怎么做的，是又其次；走不通还不学，这些人就是最下等的了。"

**【原文】16·10**

孔子曰："君子有九思：视思明，听思聪，色思温，貌思恭，言思忠，事思敬，疑思问，忿思难，见得思义。"

**[范译]**

孔子说："君子是从九个方面思考问题的：视物要思考是否看清；听话要思考是否听清；脸色要思考是否温和，容貌要思考是否谦恭；言谈要思考是否忠诚；办事要思考是否谨严；疑惑要思考是否应该询问；愤怒要思考是否有后患，见利要思考是否合乎于道义。"

**[通译]**

孔子说："君子有九种要思考的事：看的时候，要思考看清与否；听的时候，要思考是否听清楚；自己的脸色，要思考是否温和，容貌要思考是否谦恭；言谈的时候，要思考是否忠诚；办事要思考是否谨慎严肃；遇到疑问，要思考是否应该向别人询问；愤怒时，要思考是否有后患，获取财利时，要思考是否合乎义的准则。"

**【原文】16·11**

子曰："见善如不及，见不善如探汤。吾见其人矣，吾闻其语矣。隐居以求其志，行义以达其道。吾闻其语矣，未见其人也。"

[范译]

　　孔子说："看到善良的行为，就觉得比不上，看到不善良的行为，就好像把手伸到开水中一样赶快避开。我见到过这样做的人，也听到过这样说的话。隐居以实现自己的志向，行义以贯彻自己的主张。我听到过这样说的，却没有见到过这样做的人。"

[通译]

　　孔子说："看到善良的行为，就担心达不到，看到不善良的行动，就好像把手伸到开水中一样赶快避开。我见到过这样的人，也听到过这样的话。以隐居避世来保全自己的志向，依照义而贯彻自己的主张。我听到过这种话，却没有见到过这样的人。"

【原文】16·12

　　齐景公有马千驷，死之日，民无德而称焉。伯夷、叔齐饿死于首阳之下，民到于今称之。其斯之谓与？

[范译]

　　齐景公有马四千匹，死的时候，百姓没有什么可用来称颂他。伯夷、叔齐饿死在首阳山下，百姓们到现在还在称颂他们。这不就是老百姓给予的不同评价吗？

[通译]

　　齐景公有马四千匹，死的时候，百姓们觉得他没有什么德行可以称颂。伯夷、叔齐饿死在首阳山下，百姓们到现在还在称颂他们。说的就是这个意思吧。

【原文】16·13

　　陈亢问于伯鱼曰："子亦有异闻乎？"对曰："未也。尝独立，鲤趋而过庭。曰：'学诗乎？'对曰：'未也。''不学诗，无以言。'鲤退而学诗。他日又独立，鲤趋而过庭。曰：'学礼乎？'对曰：'未也。''不学礼，无以立。'鲤退而学礼。闻斯二者。"陈亢退而喜曰："问一得三。闻诗，闻礼，又闻君子之远其子也。"

**[范译]**

陈亢问伯鱼："老师又有什么高见吗？"伯鱼回答说："这我还说不定啊。有一次他独自站在堂上，我快步从庭里走过，他说：'学《诗》了吗？'我回答说：'现在还没有。'他说：'不学诗，就没有什么可以用来言语了。'我回去就学《诗》。又有一天，他又独自站在堂上，我快步从庭里走过，他说：'学礼了吗？'我回答说：'还没有开始。'他说：'不学礼，就没有什么用来支撑了。'我回去就学礼。我就听到过这两种说法。"陈亢回去后高兴地说："我提了一个问题，得到三方面的收获，见识了《诗》，见识了礼，又见识了君子在往远处教导自己的儿子啊。"

**[通译]**

陈亢问伯鱼："你在老师那里听到过什么特别的教诲吗？"伯鱼回答说："没有呀。有一次他独自站在堂上，我快步从庭里走过，他说：'学《诗》了吗？'我回答说：'没有。'他说：'不学诗，就不懂得怎么说话。'我回去就学《诗》。又有一天，他又独自站在堂上，我快步从庭里走过，他说：'学礼了吗？'我回答说：'没有。'他说：'不学礼就不懂得怎样立身。'我回去就学礼。我就听到过这两件事。"陈亢回去高兴地说："我提一个问题，得到三方面的收获，听了关于《诗》的道理，听了关于礼的道理，又听了君子不偏爱自己儿子的道理。"

**【原文】16·14**

邦君之妻，君称之曰夫人，夫人自称曰小童；邦人称之曰君夫人，称诸异邦曰寡小君；异邦人称之亦曰君夫人。

**[范译]**

国君的妻子，国君称她为夫人，夫人自称为小童，国人称她为君夫人；对他国人则称她为寡小君，他国人也称她为君夫人。

**[通译]**

国君的妻子，国君称她为夫人，夫人自称为小童，国人称她为君夫人；对他国人则称她为寡小君，他国人也称她为君夫人。

# 阳 货 篇

【原文】17 · 1

阳货欲见孔子，孔子不见，归孔子豚。孔子时其亡也，而往拜之，遇诸涂。谓孔子曰："来！予与尔言。"曰："怀其宝而迷其邦，可谓仁乎？"曰："不可。""好从事而亟失时，可谓知乎？"曰："不可。""日月逝矣，岁不我与。"孔子曰："诺，吾将仕矣。"

**[范译]**

阳货想见孔子，孔子没有露面，他便给孔子送来小猪，想以此让孔子去回拜他。孔子伺阳货外出的时候，往阳货家拜谢，却在半路上遇见了。阳货对孔子说："来，我有话要跟你说。"阳货说："把自己的本领藏起来而听任国家迷乱，这可以叫作仁吗？"孔子回答说："不可以。"阳货说："喜欢参与政事而又屡次错过机会，这可以说是智吗？"孔子回答说："不可以。"阳货说："时间一天天过去了，岁月是不等人的。"孔子说："好的，我这就按你说的去检察一下自己了。"

**[通译]**

阳货想见孔子，孔子不见，他便赠送给孔子一只熟小猪，想要孔子去拜见他。孔子打听到阳货不在家时，往阳货家拜谢，却在半路上遇见了。阳货对孔子说："来，我有话要跟你说。"（孔子走过去。）阳货说："把自己的本领藏起来而听任国家迷乱，这可以叫作仁吗？"（孔子回答）说："不可以。"（阳货）说："喜欢参与政事而又屡次错过机会，这可以说是智吗？"（孔子回答）说："不可以。"（阳货）说："时间一天天过去了，年岁是不等人的。"孔子说："好吧，我将要去做官了。"

## 【原文】17·2

子曰："性相近也，习相远也。"

**[范译]**

孔子说："人的本性是相近的，习性却相差很远。"

**[通译]**

孔子说："人的本性是相近的，由于习染不同才相互有了差别。"

## 【原文】17·3

子曰："唯上知与下愚不移。"

**[范译]**

孔子说："只有最聪明的人和最愚笨的人不会改变自己的本性。"

**[通译]**

孔子说："只有上等的智者与下等的愚者是改变不了的。"

## 【原文】17·4

子之武城，闻弦歌之声。夫子莞尔而笑，曰："割鸡焉用牛刀？"子游对曰："昔者偃也闻诸夫子曰：'君子学道则爱人，小人学道则易使也。'"子曰："二三子！偃之言是也。前言戏之耳。"

**[范译]**

孔子往武城，听到了琴瑟伴奏歌咏诵读的声音。孔子发自内心地笑着说："杀鸡何必用宰牛的刀呢？"子游回答说："以前我听先生说过，'君子学习本领就能爱人，小人学习本领就容易使用啊。'"孔子说："学生们，偃的话是对的。我刚才说的话，只是言笑而已。"

**[通译]**

孔子到武城，听见弹琴唱歌的声音。孔子微笑着说："杀鸡何必用宰牛的刀呢？"子游回答说："以前我听先生说过，'君子学习了礼乐就能爱人，小人学习了礼乐就容易指使'。"孔子说："学生们，言偃的话是对的。我刚才说的话，只是开个玩笑而已。"

## 【原文】17·5

公山弗扰以费畔，召，子欲往。子路不说，曰："末之也已，何必公山氏之之也。"子曰："夫召我者，而岂徒哉？如有用我者，吾其为东周乎？"

[范译]

公山弗扰据费邑反叛，来召孔子，孔子想去。子路想不通，说："即使没有地方去也罢，为什么一定要去公山弗扰那里呢？"孔子说："像这些来召我的情形，难道于我有什么瓜葛吗？真有为我所用的时候，我这样做也是为了重新恢复周代的礼义啊？"

[通译]

公山弗扰据费邑反叛，来召孔子，孔子准备前去。子路不高兴地说："没有地方去就算了，为什么一定要去公山弗扰那里呢？"孔子说："他来召我，难道只是一句空话吗？如果有人用我，我就要在东方复兴周礼，建设一个东方的西周。"

## 【原文】17·6

子张问仁于孔子。孔子曰："能行五者于天下为仁矣。""请问之。"曰："恭、宽、信、敏、惠。恭则不侮，宽则得众，信则人任焉，敏则有功，惠则足以使人。"

[范译]

子张向孔子问仁。孔子说："能够施行五种品德于天下就是仁了。"子张说："请问哪五种。"孔子说："庄重、宽厚、诚实、勤敏、慈惠。庄重就会没有侮辱，宽厚就会得到众人的拥护，诚信就会在哪里都被人信任，敏捷就会提高功效，慈惠就会充分使用人。"

[通译]

子张向孔子问仁。孔子说："能够处处实行五种品德。就是仁人了。"子张说："请问哪五种。"孔子说："庄重、宽厚、诚实、勤敏、慈惠。庄重就不致遭受侮辱，宽厚就会得到众人的拥护，诚信就能得到别人的任用，勤敏就会提高工作效率，慈惠就能够使唤人。"

## 【原文】17·7

佛肸召，子欲往。子路曰："昔者由也闻诸夫子曰：'亲于其身为不善者，君子不入也。'佛肸以中牟畔，子之往也，如之何？"子曰："然，有是言也。不曰坚乎？磨而不磷；不曰白乎？涅而不缁。吾岂匏瓜也哉？焉能系而不食？"

**[范译]**

佛肸召孔子,孔子想去。子路说:"从前我听先生说过:'亲密那些直接做坏事的人,就不配为君子啊。'现在佛肸据中牟反叛,你却要去,这如何解释呢?"孔子说:"是的,说过这样的话。不也说过什么是坚硬吗?即磨而不磷;不也说过什么是纯洁吗?即涅而不缁。我难道会像匏瓜挂在那里?怎么可能悬在那里而无所作为呢?"

**[通译]**

佛肸召孔子去,孔子打算前往。子路说:"从前我听先生说过:'亲自做坏事的人那里,君子是不去的。'现在佛肸据中牟反叛,你却要去,这如何解释呢?"孔子说:"是的,我有过这样的话。不是说坚硬的东西磨也磨不坏吗?不是说洁白的东西染也染不黑吗?我难道是个苦味的葫芦吗?怎么能只挂在那里而不给人吃呢?"

**【原文】17·8**

子曰:"由也,女闻六言六蔽矣乎?"对曰:"未也。""居,吾语女。好仁不好学,其蔽也愚;好知不好学,其蔽也荡;好信不好学,其蔽也贼;好直不好学,其蔽也绞;好勇不好学,其蔽也乱;好刚不好学,其蔽也狂。"

**[范译]**

孔子说:"由呀,你听说过六言和六隐了吗?"子路回答说:"没有。"孔子说:"坐下,我告诉你。好谈仁德而不好学习,这是在隐藏愚蠢;好谈智慧而不好学习,这是在隐藏惑乱心志;好谈诚信而不好学习,这是在隐藏贼不正派;好谈直率却不好学习,这是在隐藏说话无礼;好谈勇敢却不好学习,这是在隐藏乱说乱动;好谈刚强却不好学习,这是在隐藏狂妄。"

**[通译]**

孔子说:"由呀,你听说过六种品德和六种弊病了吗?"子路回答说:"没有。"孔子说:"坐下,我告诉你。爱好仁德而不爱好学习,它的弊病是受人愚弄;爱好智慧而不爱好学习,它的弊病是行为放荡;爱好诚信而不爱好学习,它的弊病是危害亲人;爱好直率却不爱好学习,它的弊病是说话尖刻;爱好勇敢却不爱好学习,它的弊病是犯上作乱;爱好刚强却不爱好学习,它的弊病是狂妄自大。"

**【原文】17·9**

子曰:"小子何莫学夫诗。诗,可以兴,可以观,可以群,可以怨。迩之事父,远之事君;多识于鸟兽草木之名。"

**[范译]**

孔子说:"小憩的时候,为什么不学习《诗》呢?学《诗》可以兴起对事物的感觉与喜爱,可以了解天地万物与人间万象,可以随俗从众,可以用来感慨别离。近可以用来事奉父母,远可以用来事奉君主;还可以多认识一些鸟兽草木的名字。"

**[通译]**

孔子说:"学生们为什么不学习《诗》呢?学《诗》可以激发志气,可以观察天地万物及人间的盛衰与得失,可以使人懂得合群的必要,可以使人懂得怎样去讽谏上级。近可以用来侍奉父母,远可以侍奉君主;还可以多知道一些鸟兽草木的名字。"

**【原文】17·10**

子谓伯鱼曰:"女为《周南》、《召南》矣乎?人而不为《周南》、《召南》,其犹正墙面而立也与?"

**[范译]**

孔子对伯鱼说:"你研究过《周南》、《召南》了吗?一个人如果不懂得《周南》、《召南》,那就像面对墙壁而站着一样啊?"

**[通译]**

孔子对伯鱼说:"你学习《周南》、《召南》了吗?一个人如果不学习《周南》、《召南》,那就像面对墙壁而站着吧?"

**【原文】17·11**

子曰:"礼云礼云,玉帛云乎哉?乐云乐云,钟鼓云乎哉?"

**[范译]**

孔子说:"礼曰礼曰,只剩下玉帛之类的礼器在曰了吗?乐曰乐曰,只剩下钟鼓之类的乐器在曰了吗?"

**[通译]**

孔子说:"礼呀礼呀,只是说的玉帛之类的礼器吗?乐呀乐呀,只是说的钟鼓之类的乐器吗?"

【原文】17·12

子曰："色厉而内荏，譬诸小人，其犹穿窬之盗也与？"

[范译]

孔子说："过于严厉就是内心虚弱，拿小人作比喻，就像是钻洞和爬墙的盗贼吧？"

[通译]

孔子说："外表严厉而内心虚弱，以小人作比喻，就像是挖墙洞的小偷吧？"

【原文】17·13

子曰："乡原，德之贼也。"

[范译]

孔子说："一向原原本本而不发表意见,这样的话道德就会被伤害啊。"

[通译]

孔子说："没有道德修养的伪君子，就是破坏道德的人。"

【原文】17·14

子曰："道听而涂说，德之弃也。"

[范译]

孔子说："听道之后而胡说，道德就被抛弃了。"

[通译]

孔子说："在路上听到传言就到处去传播，这是道德所唾弃的。"

【原文】17·15

子曰："鄙夫可与事君也与哉？其未得之也，患得之。既得之，患失之。苟患失之，无所不至矣。"

[范译]

孔子说："能让庸俗浅陋的人侍奉君主吗？当其难以得到什么的时候，总担心得不到。已经得到了，又怕失去它。如果他担心失掉这些，那么不适合他意愿的事情是不会涉及的。"

[通译]

孔子说："可以和一个鄙夫一起侍奉君主吗？他在没有得到官位时，总担心得不到。已经得到了，又怕失去它。如果他担心失掉官职，那他就什么事都干得出来了。"

## 【原文】17·16

子曰："古者民有三疾，今也或是之亡也。古之狂也肆，今之狂也荡；古之矜也廉，今之矜也忿戾；古之愚也直，今之愚也诈而已矣。"

**[范译]**

孔子说："古时候大多数人有三种弊病，现在恐怕连这三种弊病也看不到了。古时候的狂妄者不过是任意行事，而现在的狂妄者却是迷惑不定；古时候的自大者不过是严厉，现在那些自大的人却是蛮横无理，动辄发怒；古时候的愚笨者是直率，现在的愚笨者却是狡诈了！"

**[通译]**

孔子说："古代人有三种毛病，现在恐怕连这三种毛病也不是原来的样子了。古代的狂者不过是愿望太高，而现在的狂妄者却是放荡不羁；古代骄傲的人不过是难以接近，现在那些骄傲的人却是凶恶蛮横；古代愚笨的人不过是直率一些，现在的愚笨者却是欺诈啊！"

## 【原文】17·17

子曰："巧言令色，鲜矣仁。"

**注：本章已见于《学而篇》1·3。**

## 【原文】17·18

子曰："恶紫之夺朱也；恶郑声之乱雅乐也；恶利口之覆邦家者。"

**[范译]**

孔子说："我厌恶以紫色取代红色；厌恶以郑国的声乐扰乱了雅乐；厌恶以伶牙俐齿来颠覆国家的行为。"

**[通译]**

孔子说："我厌恶用紫色（杂色）取代红色（正色），厌恶用郑国的声乐扰乱雅乐，厌恶用伶牙俐齿而颠覆国家这样的事情。"

## 【原文】17·19

子曰："予欲无言。"子贡曰："子如不言，则小子何述焉？"子曰："天何言哉？四时行焉，百物生焉，天何言哉？"

**[范译]**

孔子说："我希望不再发言了。"子贡说："你如果不发表言论，那就一点都没有什么可遵循的啊？"孔子说："天什么时候发过言？四季照常运行，百物照样生长。你们也已经有如此了，何必再讲什么呢？"

**[通译]**

孔子说："我想不说话了。"子贡说："你如果不说话，那么我们这些学生还传述什么呢？"孔子说："天何尝说话呢？四季照常运行，百物照样生长。天说了什么话呢？"

**【原文】17·20**

孺悲欲见孔子，孔子辞以疾。将命者出户，取瑟而歌，使之闻之。

**[范译]**

有个遇有小事就悲观的人想见孔子，孔子以小病为由而推辞。传达者一出门之后，孔子便取来瑟边弹边唱，有意让孺悲之人听到他的歌声。

**[通译]**

孺悲想见孔子，孔子以有病为由推辞不见。传话的人刚出门，（孔子）便取来瑟边弹边唱，（有意）让孺悲听到。

**【原文】17·21**

宰我问："三年之丧，期已久矣。君子三年不为礼，礼必坏；三年不为乐，乐必崩。旧谷既没，新谷既升，钻燧改火，期可已矣。"子曰："食夫稻，衣夫锦，于女安乎？"曰："安。""女安则为之。夫君子之居丧，食旨不甘，闻乐不乐，居处不安，故不为也。今女安，则为之！"宰我出，子曰："予之不仁也！子生三年，然后免于父母之怀，夫三年之丧，天下之通丧也。予也有三年之爱于其父母乎？"

**[范译]**

宰我问："服丧三年，时间太长了。君子三年不去修礼，礼必然自毁；三年不去行乐，乐就会崩溃。旧谷吃完，新谷登场，钻燧取火的木头轮过了一回，有这一年的时间就可以了。"孔子说："吃的是大米饭，穿的是锦缎衣，于此你心安吗？"宰我说："安啊。"孔子说："你心安才会这样认为吧！君子守丧，吃美味不觉得香甜，听音乐不觉得快乐，居于处所不觉得安逸，故不觉得这么做有什么。现在你觉得心安，那就这样做吧！"宰我出去后，孔子说："宰予这样做是不仁啊！小孩生下来，到三岁时才能离开父母的怀抱。像这样服丧三年，这是天下通行的守丧的样子。宰予有其父母对他那样的三年之爱吗？"

**[通译]**

宰我问："服丧三年，时间太长了。君子三年不讲究礼仪，礼仪必然败坏；三年不演奏音乐，音乐就会荒废。旧谷吃完，新谷登场，钻燧取火的木头轮过了一遍，有一年的时间就可以了。"孔子说："（才一年的时间，）你就吃开了大米饭，穿起了锦缎衣，你心安吗？"宰我说："我心安。"孔子说："你心安，你就那样去做吧！君子守丧，吃美味不觉得香甜，听音乐不觉得快乐，住在家里不觉得舒服，所以不那样做。如今你既觉得心安，你就那样去做吧！"宰我出去后，孔子说："宰予真是不仁啊！小孩生下来，到三岁时才能离开父母的怀抱。服丧三年，这是天下通行的丧礼。难道宰予对他的父母没有三年的爱吗？"

**【原文】17·22**

子曰："饱食终日，无所用心，难矣哉！不有博弈者乎？为之，犹贤乎已。"

**[范译]**

孔子说："满足于往后的日子衣食无忧，不再有进取心，这就不能接受了啊！不是存在拼搏进取一说吗！这样去做，肯定会对自己有好处的。"

**[通译]**

孔子说："整天吃饱了饭，什么心思也不用，真太难了！不是还有玩博和下棋的游戏吗？干这个，也比闲着好。"

## 【原文】17·23

子路曰："君子尚勇乎？"子曰："君子义以为上。君子有勇而无义为乱，小人有勇而无义为盗。"

**[范译]**

子路说："君子以勇为上吗？"孔子答道："君子以义为先，君子有勇而无义就会犯上作乱，小人有勇而无义就会成为盗贼。"

**[通译]**

子路说："君子崇尚勇敢吗？"孔子答道："君子以义作为最高尚的品德，君子有勇无义就会作乱，小人有勇无义就会偷盗。"

## 【原文】17·24

子贡曰："君子亦有恶乎？"子曰："有恶。恶称人之恶者，恶居下流而讪上者，恶勇而无礼者，恶果敢而窒者。"曰："赐也亦有恶乎？""恶徼以为知者，恶不孙以为勇者，恶讦以为直者。"

**[范译]**

子贡说："君子也有厌恶吗？"孔子说："有厌恶。厌恶数落人往坏处说的行为，厌恶居于下流而诽谤在上位的行为，厌恶有勇而不讲礼节的行为，厌恶鲁莽而又顽固不化的行为。"孔子又说："赐，你也有这样的厌恶吗？"子贡说："厌恶窃取别人的成果而充为有知识的行为，厌恶把不谦逊当作勇敢的行为，厌恶揭发别人的隐私而自以为直率的行为。"

**[通译]**

子贡说："君子也有厌恶的事吗？"孔子说："有厌恶的事。厌恶宣扬别人坏处的人，厌恶身居下位而诽谤在上者的人，厌恶勇敢而不懂礼节的人，厌恶固执而又不通事理的人。"孔子又说："赐，你也有厌恶的事吗？"子贡说："厌恶偷袭别人的成绩而作为自己的知识的人，厌恶把不谦虚当作勇敢的人，厌恶揭发别人的隐私而自以为直率的人。"

## 【原文】17·25

子曰："唯女子与小人为难养也，近之则不孙，远之则怨。"

**[范译]**

孔子说："可以说那些娇生惯养和品行低下的人的表现，就是不好好地接受培养，亲近他们，他们就会无礼，疏远他们，他们就会报怨。"

**[通译]**

孔子说："只有女子和小人是难以教养的，亲近他们，他们就会无礼，疏远他们，他们就会报怨。"

**【原文】17·26**

子曰："年四十而见恶焉，其终也已。"

**[范译]**

孔子说："四十岁了表现还不好，其最终也就这样了。"

**[通译]**

孔子说："到了四十岁的时候还被人所厌恶，他这一生也就终结了。"

# 微子篇

【原文】18·1

微子去之，箕子为之奴，比干谏而死。孔子曰："殷有三仁焉。"

**[范译]**

微子谏而离开了纣王，箕子谏而做了奴隶，比干谏而被杀。孔子说："所以说殷朝有三位仁人。"

**[通译]**

微子离开了纣王，箕子做了他的奴隶，比干被杀死了。孔子说："这是殷朝的三位仁人啊！"

【原文】18·2

柳下惠为士师，三黜。人曰："子未可以去乎？"曰："直道而事人，焉往而不三黜？枉道而事人，何必去父母之邦？"

**[范译]**

柳下惠当执掌禁令刑狱官，三次被罢免。有人说："你难道就没有想到离去吗？"柳下惠说："按正道事奉君主，到哪里不会被多次罢官呢？不按正道侍奉君主，何必要离开祖国呢？"

**[通译]**

柳下惠当典狱官，三次被罢免。有人说："你不可以离开鲁国吗？"柳下惠说："按正道事奉君主，到哪里不会被多次罢官呢？如果不按正道侍奉君主，为什么一定要离开本国呢？"

## 【原文】18·3

齐景公待孔子曰："若季氏，则吾不能；以季、孟之间待之。"曰："吾老矣，不能用也。"孔子行。

**[范译]**

齐景公让孔子在齐国待一阵子，说："如果给你一个小官，那就不成体统，但是我会让你享受除了政（正）事以外最高的待遇。"孔子说："我老了，这怕是没有能力可用了。"孔子离开了齐国。

**[通译]**

齐景公讲到对待孔子的礼节时说："像鲁君对待季氏那样，我做不到，我用介于季氏孟氏之间的待遇对待他。"又说："我老了，不能用了。"孔子离开了齐国。

## 【原文】18·4

齐人归女乐，季桓子受之，三日不朝。孔子行。

**[范译]**

齐国人赠送了一些歌女给鲁国，季桓子接受了，几天不上朝。孔子于是离开了鲁国。

**[通译]**

齐国人赠送了一些歌女给鲁国，季桓子接受了，三天不上朝。孔子于是离开了。

## 【原文】18·5

楚狂接舆歌而过孔子曰："凤兮凤兮！何德之衰？往者不可谏，来者犹可追。已而已而！今之从政者殆而！"孔子下，欲与之言。趋而辟之，不得与之言。

**[范译]**

一个浑身狂放的人与孔子的车接近，经过孔子的时候唱起了歌："凤啊，凤啊，为何你的德性会越来越衰啊？过去的事无法挽回，未来的事可以赶上。算了，算了吧！现在的执政者已经不可能追上过去了！"孔子下车，想与其谈一下，他却赶紧避开，最终不得与之交谈。

**[通译]**

楚国的狂人接舆唱着歌从孔子的车旁走过，他唱道："凤凰啊，凤凰啊，你的德运怎么这么衰弱呢？过去的已经无可挽回，未来的还来得及改正。算了吧，算了吧。今天的执政者危乎其危！"孔子下车，想同他谈谈，他却赶快避开，孔子没能和他交谈。

**【原文】18·6**

长沮、桀溺耦而耕。孔子过之，使子路问津焉。长沮曰："夫执舆者为谁？"子路曰："为孔丘。"曰："是鲁孔丘与？"曰："是也。"曰："是知津矣。"问于桀溺。桀溺曰："子为谁？"曰："为仲由。"曰："是孔丘之徒与？"对曰："然。"曰："滔滔者天下皆是也，而谁以易之？且而与其从辟人之士也，岂若从辟世之士哉？"耰而不辍。子路行以告。夫子怃然曰："鸟兽不可与同群，吾非斯人之徒与而谁与？天下有道，丘不与易也。"

**[范译]**

年长的叫沮、高个的叫溺，两人在一起耕地，孔子路过，让子路去询问渡口在什么地方。长沮问子路："你这是为谁驾车？"子路说："为孔丘。"长沮说："这个人就是鲁国的孔丘？"子路说："是啊。"长沮说："那么他应该知道渡口在哪里了。"子路再去问桀溺。桀溺说："你是谁？"子路说："我是仲由。"桀溺说："是鲁国孔丘的门徒吗？"子路说："是的。"桀溺说："唠叨者天下到处都是，谁又能够改变了现实呢？而且你与其跟从回避人的人，何不在此跟从我们回避社会的人呢？"说完，仍旧不停地做田里的农活。子路回去后把情况报告给孔子。孔子怅然失意地说："禽和兽是不适合同群，但是我不像他们说的那样去参与其事，那么还会有谁参与呢？如果天下有道，我也不同意滔滔不绝啊。"

**[通译]**

长沮、桀溺在一起耕种，孔子路过，让子路去询问渡口在哪里。长沮问子路："那个拿着缰绳的是谁？"子路说："是孔丘。"长沮说："是鲁国的孔丘吗？"子路说："是的。"长沮说："那他是早已知道渡口的位置了。"子路再去问桀溺。桀溺说："你是谁？"子路说："我是仲由。"桀溺说："你是鲁国孔丘的门徒吗？"子路说："是的。"桀溺说："像洪水一般的坏东西到处都是，你们同谁去改变它呢？而且你与其跟着躲避人的人，为什么不跟着我们这些躲避社会的人呢？"说完，仍旧不停地做田里的农活。子路回来后把情况报告给孔子。孔子很失望地说："人是不能与飞禽走兽合群共处的，如果不同世上的人群打交道还与谁打交道呢？如果天下太平，我就不会与你们一道来从事改革了。"

**【原文】18·7**

子路从而后，遇丈人，以杖荷蓧。子路问曰："子见夫子乎？"丈人曰："四体不勤，五谷不分，孰为夫子？"植其杖而芸。子路拱而立。止子路宿，杀鸡为黍而食之。见其二子焉。明日，子路行以告。子曰："隐者也。"使子路反见之。至，则行矣。子路曰："不仕无义。长幼之节，不可废也。君臣之义，如之何其废之？欲洁其身，而乱大伦。君子之仕也，行其义也。道之不行，已知之矣。"

**[范译]**

子路跟随孔子出行，落在了后面，路上遇见一个壮年之人，用木杖挑着除草的工具。子路问道："你看到我的老师了吗？"这人说："大夫不作为，五谷没收成，谁还当老师啊？"说完，便将木杖插入草田器开始除草了。子路拱着手恭敬地站在一旁。这人留子路到他家住宿，杀了鸡，做了小米饭给他吃，又将两个儿子介绍给子路。第二天，子路赶上孔子，把这件事向他做了报告。孔子说："这是个隐士啊。"让子路带点礼物回去再看看他。子路到了那里，这人已经出去了。子路说："没有做成这件事太不义了，长幼之节不可废啊！君臣之义也有这样废的吗？想弥补自己身上的过失，却颠倒了基本的伦理道德。君子去从事，考虑的就是君臣之义啊。虽然因为某些缘故不能实现，但终归还是知道要去这样做的道理了。"

**[通译]**

子路跟随孔子出行，落在了后面，遇到一个老丈，用拐杖挑着除草的工具。子路问道："你看到我的老师吗？"老丈说："我手脚不停地劳作，五谷还来不及播种，哪里顾得上你的老师是谁？"说完，便扶着拐杖去除草。子路拱着手恭敬地站在一旁。老丈留子路到他家住宿，杀了鸡，做了小米饭给他吃，又叫两个儿子出来与子路见面。第二天，子路赶上孔子，把这件事向他做了报告。孔子说："这是个隐士啊。"叫子路回去再看看他。子路到了那里，老丈已经走了。子路说："不做官是不对的。长幼间的关系是不可能废弃的；君臣间的关系怎么能废弃呢？想要自身清白，却破坏了根本的君臣伦理关系。君子做官，只是为了实行君臣之义的。至于道的行不通，早就知道了。"

## 【原文】18·8

逸民：伯夷、叔齐、虞仲、夷逸、朱张、柳下惠、少连。子曰："不降其志，不辱其身，伯夷、叔齐与？"谓柳下惠、少连，"降志辱身矣，言中伦，行中虑，其斯而已矣。"谓虞仲、夷逸，"隐居放言，身中清，废中权。""我则异于是，无可无不可。"

**[范译]**

超逸大众之人有：伯夷、叔齐、虞仲、夷逸、朱张、柳下惠、少连。孔子说："不降低自己的意志，不屈辱自己的身份，这是伯夷叔齐吧。"说柳下惠、少连是"被迫降低自己的意志，屈辱自己的身份，但说话合乎准则，处事精详"。说虞仲、夷逸"过着隐居的生活，放置言语，纯洁自身，不为中军制定谋略"。"我就不同于这些人，不能说与他们一样，也不能说与他们不一样。"

**[通译]**

被遗落的人有：伯夷、叔齐、虞仲、夷逸、朱张、柳下惠、少连。孔子说："不降低自己的意志，不屈辱自己的身份，这是伯夷叔齐吧。"说柳下惠、少连是"被迫降低自己的意志，屈辱自己的身份，但说话合乎伦理，行为合乎人心"。说虞仲、夷逸"过着隐居的生活，说话很随便，能洁身自爱，离开官位合乎权宜"。"我却同这些人不同，可以这样做，也可以那样做。"

## 【原文】18·9

大师挚适齐，亚饭干适楚，三饭缭适蔡，四饭缺适秦，鼓方叔入于河，播鼗武入于汉，少师阳、击磬襄入于海。

**[范译]**

太师挚到齐国去了，亚饭干到楚国去了，三饭缭到蔡国去了，四饭缺到秦国去了，打鼓的方叔到了黄河边，敲小鼓的武到了汉水边，少师阳和击磬的襄去了海滨。

**[通译]**

太师挚到齐国去了，亚饭干到楚国去了，三饭缭到蔡国去了，四饭缺到秦国去了，打鼓的方叔到了黄河边，敲小鼓的武到了汉水边，少师阳和击磬的襄到了海滨。

## 【原文】18·10

周公谓鲁公曰："君子不施其亲，不使大臣怨乎不以。故旧无大故，则不弃也。无求备于一人。"

[范译]

周公对鲁公说："君子不以己之亲而易他人之亲，不使大臣们怨乎不已。故人旧爱没有大的过失，就不要抛弃他们，不要对每个人都求全责备。"

[通译]

周公对鲁公说："君子不疏远他的亲属，不使大臣们抱怨不用他们。旧友老臣没有大的过失，就不要抛弃他们，不要对人求全责备。"

## 【原文】18·11

周有八士：伯达、伯适、伯突、仲忽、叔夜、叔夏、季随、季騧。

[范译]

周代有八个可以赞美的人：伯达、伯适、伯突、仲忽、叔夜、叔夏、季随、季騧。

[通译]

周代有八个士：伯达、伯适、伯突、仲忽、叔夜、叔夏、季随、季騧。

# 子 张 篇

**【原文】19·1**

子张曰："士见危致命，见得思义，祭思敬，丧思哀，其可已矣。"

**[范译]**

子张说："士在危难时刻要听从使命，看见有利可得时要考虑是否符合公道，祭祀时要考虑是否严肃恭敬，居丧的时候要考虑自己是否哀伤，这样就可以说是做得差不多了。"

**[通译]**

子张说："士遇见危险时能献出自己的生命，看见有利可得时能考虑是否符合义的要求，祭祀时能想到是否严肃恭敬，居丧的时候想到自己是否哀伤，这样就可以了。"

**【原文】19·2**

子张曰："执德不弘，信道不笃，焉能为有？焉能为亡？"

**[范译]**

子张说："秉承仁德而不弘扬，信奉正道而不笃定，说你尽能了呢？还是说你没尽能？"

**[通译]**

子张说："实行德而不能发扬光大，信仰道而不忠实坚定，（这样的人）怎么能说有，又怎么说他没有？"

## 【原文】19·3

子夏之门人问交于子张。子张曰："子夏云何？"对曰："子夏曰：'可者与之，其不可者拒之。'"子张曰："异乎吾所闻：君子尊贤而容众，嘉善而矜不能。我之大贤与，于人何所不容？我之不贤与，人将拒我，如之何其拒人也？"

[范译]

子夏的学生向子张询问怎样与人相友好。子张说："子夏是怎么说的？"答道："子夏说：'可以相交的就和他交朋友，不可以相交的就拒绝他。'"子张说："与我所听到的不一样：君子既尊重贤人，又能容纳众人；能够赞美善人，又能夸耀能力不够的人。我如果十分贤良，对别人有什么不能容纳的呢？我如果不贤良，人家就会拒绝我，又怎能谈到拒绝人家呢？"

[通译]

子夏的学生向子张询问怎样结交朋友。子张说："子夏是怎么说的？"答道："子夏说：'可以相交的就和他交朋友，不可以相交的就拒绝他。'"子张说："我所听到的和这些不一样：君子既尊重贤人，又能容纳众人；能够赞美善人，又能同情能力不够的人。如果我是十分贤良的人，那我对别人有什么不能容纳的呢？我如果不贤良，那人家就会拒绝我，又怎么谈能拒绝人家呢？"

## 【原文】19·4

子夏曰；"虽小道，必有可观者焉，致远恐泥，是以君子不为也。"

[范译]

子夏说："即使是一些小的技艺，也会有可观之处，专致太深恐怕会陷入泥潭，所以君子不会行为于此啊。"

[通译]

子夏说："虽然都是些小的技艺，也一定有可取的地方，但用它来达到远大目标就行不通了。"

## 【原文】19·5

子夏曰："日知其所亡，月无忘其所能，可谓好学也已矣。"

**[范译]**

子夏说："完备之时要知道曾经的不足，欠缺之时不要怀疑也有所能，这就可以叫作好学了。"

**[通译]**

子夏说："每天学到一些过去所不知道的东西，每月都不能忘记已经学会的东西，这就可以叫作好学了。"

**【原文】19·6**

子夏曰："博学而笃志，切问而近思，仁在其中矣。"

**[范译]**

子夏说："广泛学习而强志在心，反复去问而贴近去思，仁就在其中了。"

**[通译]**

子夏说："博览群书广泛学习而已记得牢固，就与切身有关的问题提出疑问并且去思考，仁就在其中了。"

**【原文】19·7**

子夏曰："百工居肆以成其事，君子学以致其道。"

**[范译]**

子夏说："各行业的工匠通过店铺来推销自己产品，君子在一起共同交流，才能够走上正道。"

**[通译]**

子夏说："各行各业通过集市来推销自己的产品，君子通过在一起学习来交流知识。"

**【原文】19·8**

子夏说："小人之过也必文。"

**[范译]**

子夏说："小人有了过错的时候一定会掩饰。"

**[通译]**

子夏说："小人犯了过错一定要掩饰。"

**【原文】19 · 9**

子夏曰："君子有三变：望之俨然，即之也温，听其言也厉。"

[范译]

子夏说："君子有三变：看上去是严肃庄重的样子，接触起来却温和可亲，听他说话又觉得十分严厉。"

[通译]

子夏说："君子有三变：远看他的样子庄严可怕，接近他又温和可亲，听他说话语言严厉不苟。"

**【原文】19 · 10**

子夏曰："君子信而后劳其民；未信，则以为厉己也，信而后谏；未信，则以为谤己也。"

[范译]

子夏说："君子必须在晓谕讯告以后再役使百姓，不去晓谕讯告，最后的结果就是呵斥百姓啊。要先告诉有言要谏才能够谏；否则，君主就会以为你只不过是在责备他。"

[通译]

子夏说："君子必须取得信任之后才去役使百姓，否则百姓就会以为是在虐待他们。要先取得信任，然后才去规劝；否则，（君主）就会以为你在诽谤他。"

**【原文】19 · 11**

子夏曰："大德不逾闲，小德出入可也。"

[范译]

子夏说："大节上不能越出法度和界限，小节上有些出入是正常的。"

[通译]

子夏说："大节上不能超越界限，小节上有些出入是可以的。"

**【原文】19 · 12**

子游曰："子夏之门人小子，当洒扫应对进退，则可矣，抑末也。本之则无，如之何？"子夏闻之，曰："噫，言游过矣！君子之道，孰先传焉？孰后倦焉？譬诸草木，区以别矣。君子之道，焉可诬也？有始有卒者，其惟圣人乎？"

**[范译]**

子游说:"子夏的学生能力不大啊,应付一些打扫和迎送客人的事情是可以的,但这些不过是枝节小事,根本的东西都没有学到,这怎么行呢?"子夏听到这些后,说:"唉,子游这话错了。君子之道有什么可以先传?有什么可以怠慢?这就像在荒野一样,开沟分解,小范围内深耕细作,集中施肥灌水。一块一块地收获。君子都是这样做的,怎么可以抹杀呢?像你说的能够先教什么后教什么的样子,这只有圣人可以吧!"

**[通译]**

子游说:"子夏的学生,做些打扫和迎送客人的事情是可以的,但这些不过是末节小事,根本的东西却没有学到,这怎么行呢?"子夏听了,说:"唉,子游错了。君子之道先传授哪一条,后传授哪一条,这就像草和木一样,都是分类区别的。君子之道怎么可以随意歪曲,欺骗学生呢?能按次序有始有终地教授学生们,恐怕只有圣人吧!"

**【原文】19 · 13**

子夏曰:"仕而优则学,学而优则仕。"

**[范译]**

子夏说:"从事有余力,就仿效着实际,去加深一点理论;学习有余力,就仿效着理论,去从事一点实践。"

**[通译]**

子夏说:"做官还有余力的人,就可以去学习,学习有余力的人,就可以去做官。"

**【原文】19 · 14**

子游曰:"丧致乎哀而止。"

**[范译]**

子游说:"丧事尽到了哀就为止。"

**[通译]**

子游说:"丧事做到尽哀也就可以了。"

**【原文】19·15**

子游曰："吾友张也为难能也，然而未仁。"

**[范译]**

子游说："我的好友子张的一些作为是难能可贵的啊，难就难在不能与他一并为仁。"

**[通译]**

子游说："我的朋友子张可以说是难得的了，然而还没有做到仁。"

---

**【原文】19·16**

曾子曰："堂堂乎张也，难与并为仁矣。"

**[范译]**

曾子说："堂堂子张啊，难同他一并做到仁了。"

**[通译]**

曾子说："子张外表堂堂，难于和他一起做到仁的。"

---

**【原文】19·17**

曾子曰："吾闻诸夫子，人未有自致者也，必也亲丧乎。"

**[范译]**

曾子说："我听老师分析过，人能够自行其是而有所获，但是这样一定会失去亲近的人。"

**[通译]**

曾子说："我听老师说过，人不可能自动地充分发挥感情，（如果有，）一定是在父母死亡的时候。"

---

**【原文】19·18**

曾子曰："吾闻诸夫子，孟庄子之孝也，其他可能也；其不改父之臣与父之政，是难能也。"

**[范译]**

曾子说："我听老师说过，孟庄子的孝，其他的地方可以做到，但他不更换父亲的旧臣及其政治措施，这是别人没有能力做到的。"

**[通译]**

曾子说："我听老师说过，孟庄子的孝，其他人也可以做到，但他不更换父亲的旧臣及其政治措施，这是别人难以做到的。"

## 【原文】19·19

孟氏使阳肤为士师，问于曾子。曾子曰："上失其道，民散久矣。如得其情，则哀矜而勿喜。"

**[范译]**

孟氏任命阳肤做司法官，阳肤向曾子请教。曾子说："在上位的人离开了正道，百姓早就情义乖离，不相维系。如果真像我说的那种情形，就应当怜悯他们，而不要憙事。"

**[通译]**

孟氏任命阳肤做典狱官，阳肤向曾子请教。曾子说："在上位的人离开了正道，百姓早就离心离德了。你如果能弄清他们的情况，就应当怜悯他们，而不要自鸣得意。"

## 【原文】19·20

子贡曰："纣之不善，不如是之甚也。是以君子恶居下流，天下之恶皆归焉。"

**[范译]**

子贡说："纣王的不善，不像传说的那样过分。因为君子憎恨的人是最下流的了，所以天下一切坏名声都流归到他的身上。"

**[通译]**

子贡说："纣王的不善，不像传说的那样厉害。所以君子憎恨处在下流的地方，使天下一切坏名声都归到他的身上。"

## 【原文】19·21

子贡曰："君子之过也，如日月之食焉。过也，人皆见之；更也，人皆仰之。"

**[范译]**

子贡说："君子的过失好比日月蚀。过失的时候，人们都在注视着他；复原了以后，人们仍然仰望着他。"

**[通译]**

子贡说："君子的过错好比日月蚀。他犯过错，人们都看得见；他改正过错，人们都仰望着他。"

## 【原文】19·22

卫公孙朝问于子贡曰："仲尼焉学？"子贡曰："文武之道，未坠于地，在人。贤者识其大者，不贤者识其小者，莫不有文武之道焉。夫子焉不学？而亦何常师之有？"

**[范译]**

卫国的公孙朝问子贡说："仲尼的学问是学于何处？"子贡说："文（礼）武（乐）之道，还难以坠于地下，在于有人。贤能的话可以了解它的根本，没有贤能的话可以了解它的末节，没有不存在文武之道的地方。我们老师哪儿不能学，何必像寻常人一样存在老师？"

**[通译]**

卫国的公孙朝问子贡说："仲尼的学问是从哪里学来的？"子贡说："周文王武王的道，并没有失传，还留在人们中间。贤能的人可以了解它的根本，不贤的人只了解它的末节，没有什么地方无文王武王之道。我们老师何处不学，又何必要有固定的老师传播呢？"

## 【原文】19·23

叔孙武叔语大夫于朝曰："子贡贤于仲尼。"子服景伯以告子贡。子贡曰："譬之宫墙，赐之墙也及肩，窥见室家之好。夫子之墙数仞，不得其门而入，不见宗庙之美，百官之富。得其门者或寡矣。夫子之云，不亦宜乎！"

**[范译]**

叔孙武叔在朝廷上对大夫们说："子贡比仲尼更贤。"子服景伯把这一番话告诉了子贡。子贡说："拿围墙来作比喻，我家的围墙只有齐肩高，可以看见家室之好。老师家的围墙却有几仞高，如果找不到门进去，你就看不见里面宗庙的富丽堂皇，和那些房屋的绚丽多彩。能够找到门进去的人或许并不多。老师之学说，不正适合于这样比喻吗！"

**[通译]**

叔孙武叔在朝廷上对大夫们说："子贡比仲尼更贤。"子服景伯把这一番话告诉了子贡。子贡说："拿围墙来做比喻，我家的围墙只有齐肩高，老师家的围墙却有几仞高，如果找不到门进去，你就看不见里面宗庙的富丽堂皇，和房屋的绚丽多彩。能够找到门进去的人并不多。叔孙武叔那么讲，不也是很自然吗？"

---

**【原文】19·24**

叔孙武叔毁仲尼。子贡曰；"无以为也！仲尼不可毁也。他人之贤者，丘陵也，犹可逾也；仲尼，日月也，无得而逾焉。人虽欲自绝，其何伤于日月乎？多见其不知量也。"

**[范译]**

叔孙武叔诋毁仲尼。子贡说："这样做是没有用的！仲尼是诋毁不了的。别人的贤德好比丘陵，还可超越过去；仲尼的贤德好比太阳和月亮，是无法超越的。虽然有人要自绝于日月，对日月又有什么损害呢？只表明他不自量力而已。"

**[通译]**

叔孙武叔诽谤仲尼。子贡说："（这样做）是没有用的！仲尼是毁谤不了的。别人的贤德好比丘陵，还可超越过去，仲尼的贤德好比太阳和月亮，是无法超越的。虽然有人要自绝于日月，对日月又有什么损害呢？只是表明他不自量力而已。"

---

**【原文】19·25**

陈子禽谓子贡曰："子为恭也，仲尼岂贤于子乎？"子贡曰："君子一言以为知，一言以为不知，言不可不慎也。夫子之不可及也，犹天之不可阶而升也。

夫子之得邦家者，所谓立之斯立，道之斯行，绥之斯来，动之斯和。其生也荣，其死也哀，如之何其可及也？"

## [范译]

陈子禽对子贡说："你这样是在谦恭啊，仲尼怎么能比你更贤良呢？"子贡说："君子的一句话就可以让人知道其智还是不智，所以说话不可以不慎重。夫子的地位高不可及，正像天是不能够顺着梯子爬上去一样。夫子如果得国而为诸侯或得到采邑而为卿大夫，那就会像人们说的那样，教百姓立于礼，百姓就会立于礼，要引导百姓，百姓就会跟着走；安抚百姓，百姓就会归顺；动员百姓，百姓就会齐心协力。夫子活着是十分荣耀的，夫子死了是极其可惜的。我怎么能赶得上他呢？"

## [通译]

陈子禽对子贡说："你是谦恭了，仲尼怎么能比你更贤良呢？"子贡说："君子的一句话就可以表现他的智识，一句话也可以表现他的不智，所以说话不可以不慎重。夫子的高不可及，正像天是不能够顺着梯子爬上去一样。夫子如果得国而为诸侯或得到采邑而为卿大夫，那就会像人们说的那样，教百姓立于礼，百姓就会立于礼，要引导百姓，百姓就会跟着走；安抚百姓，百姓就会归顺；动员百姓，百姓就会齐心协力。（夫子）活着是十分荣耀的，（夫子）死了是极其可惜的。我怎么能赶得上他呢？"

# 尧曰篇

**【原文】20·1**

尧曰："咨！尔舜！天之历数在尔躬，允执其中。四海困穷，天禄永终。"舜亦以命禹。曰："予小子履，敢用玄牡，敢昭告于皇皇后帝：有罪不敢赦。帝臣不蔽，简在帝心。朕躬有罪，无以万方；万方有罪，罪在朕躬。"周有大赉，善人是富。"虽有周亲，不如仁人。百姓有过，在予一人。"谨权量，审法度，修废官，四方之政行焉。兴灭国，继绝世，举逸民，天下之民归心焉。所重：民、食、丧、祭。宽则得众，信则民任焉。敏则有功，公则说。

**[范译]**

尧说："接替我吧！就是你舜！天子之命一代一代地传到你的身上了，相信你会执掌其中！天下困苦和贫穷，上天赐给你的帝位也就会永远终止。"舜也这样告诫过禹。商汤说："我天之子商汤，谨以此黑色的公牛来祭祀天地，敢向伟大的天帝祷告：有罪不敢不问，天帝的臣仆我是无法蒙蔽的，一切都在

**[通译]**

尧说："啧啧！你这位舜！上天的大命已经落在你的身上了。诚实地保持那中道吧！假如天下百姓都隐于困苦和贫穷，上天赐给你的禄位也就会永远终止。"舜也这样告诫过禹。（商汤）说："我小子履谨用黑色的公牛来祭祀，向伟大的天帝祷告：有罪的人我不敢擅自赦免，天帝的臣仆我也不敢掩蔽，

天帝心中。我若有罪，不会牵连天下万方，万方有罪，都归我一个人承担。"周朝有大赏，好人因此而富有。周武王说："我虽然有至亲，不如有仁德之人。百姓有过错，都在我一人身上。"谨使权力公平，审定法律制度，修缮废弃官约，天家，接续已经断绝了的世族，推举被遗落为民的人才，天下百姓就会真心归附了。所要重视的是：人民、粮食、丧礼、祭祀。宽厚就能得到众人的拥护，诚信就能得到别人的信任，勤敏就能取得成绩，公平就会万邦皆通。

都由天帝的心来分辨、选择。我本人若有罪，不要牵连天下万方，天下万方若有罪，都归我一个人承担。"周朝大封诸侯，使善人都富贵起来。（周武王）说："我虽然有至亲，不如有仁德之人。百姓有过错，都在我一人身上。"认真检查度量衡器，周密地制定法度，全国的政令就会通行了。恢复被灭亡了的国家，接续已经断绝了家族，提拔被遗落的人才，天下百姓就会真心归服了。所重视的四件事：人民、粮食、丧礼、祭祀。宽厚就能得到众人的拥护，诚信就能得到别人的任用，勤敏就能取得成绩，公平就会使百姓公平。

## 【原文】20 · 2

子张问孔子曰："何如斯可以从政矣？"子曰："尊五美，屏四恶，斯可以从政矣。"子张曰："何谓五美？"子曰："君子惠而不费，劳而不怨，欲而不贪，泰而不骄，威而不猛。"子张曰："何谓惠而不费？"子曰："因民之所利而利之，斯不亦惠而不费乎？择可劳而劳之，又谁怨？欲仁而得仁，又焉贪？君子无众寡，无大小，无敢慢，斯不亦泰而不骄乎？君子正其衣冠，尊其瞻视，俨然人望而畏之，斯不亦威而不猛乎？"子张曰："何谓四恶？"子曰："不教而杀谓之虐；不戒视成谓之暴；慢令致期谓之贼；犹之与人也，出纳之吝谓之有司。"

[范译]

子张问孔子说:"到何时可以从事政事呢?"孔子说:"尊重五种美德,排除四种恶习,到这时就可以从事政事了。"子张问:"什么叫作五种美德?"孔子说:"君子实惠而不浪费;辛劳而不抱怨;追求而不贪婪;大度而不骄傲;威严而不凶狠。"子张说:"什么叫实惠而不浪费呢?"孔子说:"让百姓们去做对他们有利的事而获利,这不就是实惠而不浪费吗!选择可以让百姓劳作的时间和事情让百姓去做,这又有谁会怨恨呢?自己要追求仁义得到了仁,又还有什么可贪的呢?君子无论多少,无论大小,都不怠慢他们,这不就是大度而不骄傲吗?君子衣冠整齐,目不斜视,使人见了就让人生敬畏之心,这不也是威严而不凶狠吗?"子张问:"什么是四种恶习呢?"孔子说:"不经教化便加以杀戮叫作虐;不加训诫便责其成功叫作暴;不加监督而突然限期叫作贼;还有是去与人交往,给出纳入总是很吝啬叫作贪得无厌。"

[通译]

子张问孔子说:"怎样才可以治理政事呢?"孔子说:"尊重五种美德,排除四种恶政,这样就可以治理政事了。"子张问:"五种美德是什么?"孔子说:"君子要给百姓以恩惠而自己却无所耗费;使百姓劳作而不使他们怨恨;要追求仁德而不贪图财利;庄重而不傲慢;威严而不凶猛。"子张说:"怎样叫要给百姓以恩惠而自己却无所耗费呢?"孔子说:"让百姓们去做对他们有利的事,这不就是对百姓有利而不掏自己的腰包嘛!选择可以让百姓劳作的时间和事情让百姓去做。这又有谁会怨恨呢?自己要追求仁德便得到了仁,又还有什么可贪的呢?君子对人,无论多少,势力大小,都不怠慢他们,这不就是庄重而不傲慢吗?君子衣冠整齐,目不斜视,使人见了就让人生敬畏之心,这不也是威严而不凶猛吗?"子张问:"什么叫四种恶政呢?"孔子说:"不经教化便加以杀戮叫作虐;不加告诫便要求成功叫作暴;不加监督而突然限期叫作贼,同样是给人财物,却出手吝啬,叫作小气。"